停止吼叫，
教育孩子请别任性 ②

文 静 著

辽宁大学出版社

图书在版编目（CIP）数据

停止吼叫，教育孩子请别任性. 2 / 文静著. 一沈
阳：辽宁大学出版社，2022.1
ISBN 978-7-5698-0671-7

Ⅰ.①停… Ⅱ.①文… Ⅲ.①儿童教育—家庭教育
Ⅳ.①G782

中国版本图书馆CIP数据核字（2021）第279778号

停止吼叫，教育孩子请别任性. 2
TINGZHI HOUJIAO，JIAOYU HAIZI QING BEI RENXING. 2

出 版 者：辽宁大学出版社有限责任公司
　　　　　　（地址：沈阳市皇姑区崇山中路66号　　邮政编码：110036）
印 刷 者：北京溢漾印刷有限公司
发 行 者：辽宁大学出版社有限责任公司
幅面尺寸：170mm×240mm
印 　 张：15
字 　 数：191千字
出版时间：2022年1月第1版
印刷时间：2022年1月第1次印刷
责任编辑：郝雪娇
封面设计：韩　实
责任校对：张宛初

书 　 号：ISBN 978-7-5698-0671-7
定 　 价：42.80元

联系电话：024-86864613
邮购热线：024-86830665
网 　 址：http://press.lnu.edu.cn
电子邮件：lnupress@vip.163.com

人的核心人格，在 6 岁以前基本形成，此后若无足以颠覆认知的意外事件发生，人格会不辨好坏逐渐成形，到中年时期达到稳定。

换而言之，0 至 6 岁的学龄前儿童，受原生家庭影响最大。

父母的潜移默化，决定了孩子以怎样一种状态长大，决定他们是"学渣"还是"学霸"，决定他们是否被社会环境所接纳。

我们寄予厚望的学校教育，其实是社会教育的雏形，家庭教的是做人，而社会更侧重于教人做事，做事之前先做人，所以原生家庭对人的影响远远大于社会。

那么，你为孩子准备好一个适于成长的原生家庭了吗？

在原生家庭中，最没用的三种教育方法就是：讲大道理、发臭脾气、刻意感动。

在我国，在教育孩子的过程中，父母发脾气最为常见。

很多父母在教育孩子时，总是有发不完的脾气，并且每次都把发脾气的原因归咎为孩子不听话，无可奈何地表示自己之所以声色俱厉，完全是为了纠正"熊孩子"的毛病。

但世界各地的教育研究都指向这样一个事实——吼叫、打骂，气势汹汹，非但发挥不了多少教育功能，反而更容易形成"反教育"。

事实上，物质欠缺并不会带来失败的教育，但精神的虐待一定会制造一个问题儿童。

长期得不到精神给养的孩子，他们的成长必然不良，他们的幸福早早被套上了难以挣脱的枷锁。

不夸张地说，父母什么脾气，孩子大概就是什么命。

所以，如果你真爱孩子，真正为孩子着想，千万不要因为一时的看似的胜利，输掉孩子美好的一生。为人父母，为了孩子的健康成长，为了孩子将来活得心花怒放，请一定让理性战胜感性。

社会心理学上有个概念，叫"南风效应"，说是北风和南风比威力，看谁能够把行人身上的大衣吹掉。

北风鼓足了力气，以极大的气势吹出了狂啸的寒风，行人冷极了，于是把大衣越裹越紧。

南风微微一笑，吹起了柔和温暖的微风，行人感觉很暖和，便自行脱下了大衣。

教育孩子也是如此，你越凛冽，孩子越叛逆；你理解他，包容他，对他温柔以待，便能起到润物无声的效果，孩子也能在你的"南风教育"下，翩然舞出最美的风姿。

《停止吼叫，教育孩子请别任性2》，是畅销书《停止吼叫，教育孩子请别任性》的姊妹篇。这两本书共同的特点在于，它们具有深受读者欢迎的实际操作性——读者可以一看就懂，拿来就用。

本书与《停止吼叫，教育孩子请别任性》一样，依然呈现出"与具体生活事件接轨"的写作特点，从不同着重点帮助家长解决常见的儿童教育问题，内容涵盖孩子的家庭关系、行为习惯、心理成长、人格教育、重点问题、人际交往等方方面面。这两本书双剑合璧，堪称是家庭教育问题的"百科全书"。

观看目录，你马上就能找到自家孩子对应的问题；阅读本书，你即刻就能获取行之有效的解决方案。

第一章
真正的善养，是让孩子时刻感受到爱与希望

如果孩子小的时候，与父母之间缺乏良好的情感交流，不用怀疑，他们的情感特质一定很难健康发展起来。这些孩子在幼年时期便会呈现焦虑状态，易动、易怒、易孤僻、易自卑等等。这种影响往往会持续妨碍孩子一生，导致他们成年以后都很难以良好的方式与人相处。

～第二章～
从本能感性到自觉理性，妈妈角色的自我成长

作为养育的重要责任人，妈妈们几乎无时无刻不被孩子制造的麻烦问题包围着，招数想尽，效果一言难尽。无措从而引发焦虑，焦虑导致理性丧失……所有的妈妈请先认清一点——只有与自己达成和解，才能更好地教养孩子。对于孩子而言，他需要的是更平静的妈妈接纳他，更温柔的妈妈欣赏他，更积极的妈妈带领他……

～第三章～
父爱重建，再忙，也要对孩子温润如初

孩子的教育像画圆，妈妈画一半，爸爸也要画一半，缺了爸爸那一半，妈妈即使再努力，也不能使其圆满。每一个孩子的成长，都离不开父母的双向陪伴，每一次父爱缺席，都可能给孩子造成终生无法弥补的遗憾。好好做爸爸，别再让孩子追问"我爸去哪了"。

～第四章～
原生家庭优化，育儿是一场旷日持久的多边合作

若将人生比作一幅画，原生家庭就是绘就孩子人生的最初底稿；若将人生比作一座建筑，原生家庭就是搭建孩子人生的地基和架构。无论其最终呈现的状态是惊艳还是平平，是雄浑还是浮华，不过都是在初基上的打磨和延伸。原生家庭给予了孩子什么，他最终就会成为什么。

第五章
对抗与和解，亲子共创利他型能量平衡系统

家庭教育的基础，起点于亲子关系，亲子关系出了问题，之前所有的教育都会毁于一旦。道理很简单，你使任何一个人对你有了成见，他都不会听你的。因此说，你跟孩子关系怎么样，比你为孩子做什么更重要，努力去维护一段良好的亲子关系，才是我们教育孩子的核心奥秘。

第六章
问题行为破壁，父母需要一份顶级耐性与觉知

一百个孩子可以有上万种方法让父母抓狂。孩子们总是"自成道理"，他那"自洽"的逻辑往往更是让你七窍生烟，面对指摘，他们又总是一副受伤"小兽"的模样，难道你只能偃旗息鼓？孩子的问题行为破壁，其实父母只需洞悉问题行为背后的问题。

～第七章～
"特殊问题"疏导，帮助孩子在关键时期回归理性

孩子的成长绝不会一帆风顺，即使你已经尽心尽力、尽职尽责，仍可能无法阻止一些"特殊问题"的出现。当孩子出现"特殊问题"，父母最不该呈现的状态就是焦虑或暴力。孩子的每一个行为都有其内在的心理诉求，孩子也不是机器人，一个按钮就能使其行为停止。因此，我们要教他好的行为，来覆盖他的"特殊问题"。

～第八章～
情商教育与性格养成，从小让孩子成为备受欢迎的人

　　成长是一个"大事件"，"大事件"里的突发状况比比皆是，如孩子自卑懦弱、自私狭隘、交友困难、行为不良等等。然而这一切，又是孩子成长的必然经历。我们要做的是，通过引导，让孩子充分认清自己的行为，从而通过自身的理解和认知，养成积极的品质，以及一种日后踏上社会必备的生存技能……

第一章

真正的善养，
是让孩子时刻感受到爱与希望

　　如果孩子小的时候，与父母之间缺乏良好的情感交流，不用怀疑，他们的情感特质一定很难健康发展起来。这些孩子在幼年时期便会呈现焦虑状态，易动、易怒、易孤僻、易自卑等等。这种影响往往会持续妨碍孩子一生，导致他们成年以后都很难以良好的方式与人相处。

那些亲情感缺失的孩子，后来怎么样了

在综艺节目《妈妈是超人3》中看到这样一幕，心里颇为酸楚：

嘉宾黄某依和儿子安某分坐两室，工作人员问小安某："爸爸妈妈平时工作忙，不能陪你，你会感到孤单吗？"

年仅5岁半的小安某不假思索地回答："不孤单。"

此时，坐在另一边的黄某依闻听儿子的话，瞬间泪目。

很多孩子都像安某一样，在本该充分享受舐犊之爱的年纪，却因为父母工作繁忙，无法陪伴，而被迫习惯这种情感缺失的孤寂感。

然而我们的孩子，他并不是真的习惯了孤单，只是因为不断失望，早已学会放下心中的渴望。

在不知不觉中，孩子慢慢闭锁了自己稚嫩的心，日积月累后，孩子很可能会成为一个无法接纳热情，不懂释放温暖的人。

在童年，父母就是孩子的全部世界，孩子对父母陪伴的渴望，远远超出你的想象。千万不要因为忙碌而疏远孩子，因为我们留给孩子内心的缺失，会堆积成永久。

完美的人生来自三大精神支柱：亲情、爱情和友情。亲情与生俱来，也是其他所有情感的基础。

在饱满亲情滋养下长大的孩子，温润而幸福；而缺少亲情温暖的孩子，长大以后连笑都会拘谨。

这不是危言耸听。现代研究表明：父母的呵护和心理抚慰是孩子心理成长的关键，孩子缺少与父母沟通，得不到完整的亲情养护，就会产生心理上的不适应，时间一长便会导致心理畸形发展和性格上的扭曲。

在某市戒毒所里有一个很漂亮的女孩子，叫媛媛，大概十六七岁的样子。这么一个青春靓丽的女孩，本应该坐在明亮的教室里读书学习，而现在却被强制戒毒。媛媛有着严重的自闭倾向，她话特别少，即使遇到熟人也从不打招呼。她唯一敞开心扉的时候就是在网络上，以致后来受到不良诱导染上了毒瘾而无法自拔。媛媛回忆童年时说，在她六七岁的时候父母就离婚了，她跟着妈妈生活，之后她的爸爸就是在街上看到她，也不与她相认，不和她打招呼。

女孩的遭遇令人痛心。幼年时期的孤独往往会在孩子内心留下浓重的阴影，甚至毁掉他们的一生。

对孩子来说，最好的爱是陪伴。亲情缺失的孩子很容易陷入孤独，他们茫然行走于自己的世界中，渐渐地，就会变得自闭和忧郁。

就教养孩子来说，专业的教育知识的确非常重要，但比专业知识还要重要的是情感。在情感方面，哪怕只是你不以为然的一些小忽视，都可能给孩子造成终身的遗憾。

在美国历史上，让人谈之色变的"邮包杀手"泰德·卡钦斯基，因为6个月大生病住院时缺少亲人的陪伴和抚慰，结果出院以后，就从一个快乐婴孩变成了一个不快乐的孩子。

事实上，不只哺乳期的孩子需要特别的关注和爱护，儿童心理学研究发现，处于童年期的孩子，如果和最重要的抚养者分离两个星期以上，就会出现难以逆转的心灵创伤。

　　很多时候，让孩子孤独，我们的确不是有意为之，我们都爱自己的孩子，只是有时迫于无奈，有时大意疏忽。譬如，卡钦斯基的父母，是因为一些客观原因才在他6个月大住院时疏于陪伴，而在他们的第二个孩子戴维出生以后，妈妈甚至主动辞职，一心一意在家照顾两个孩子。

　　然而不管什么原因，孩童时期所受的伤害，都极有可能成为一个人毕生难以跨越的障碍。

　　卡钦斯基在父母的悉心照料下，性格也逐渐开朗。他异常聪明，16岁就跳级考进哈佛大学。但此时，他的性格却发生了巨变。面对班级里比他年长不少的孩子，卡钦斯基找不到共同语言，他倍感孤独和尴尬。也许，这种感觉唤醒了他沉睡多年的某一部分关于孤独的痛苦记忆，他最终决定生活在远离人群的蒙大拿州山野中。当父母指责他不合群时，他开始仇视父母，尤其是母亲。在他看来，妈妈对待他就像是对待一座奖杯，而不是亲生儿子。

　　"我恨你，我永远不原谅你，因为你对我的伤害永远无法得到补偿。"——卡钦斯基说这些话时，不知道他想到了什么。

　　如果孩子童年缺爱，他会自然产生一种"被抛弃"的心理投射。这种感觉随着年龄的增长或增强或减弱，但刻在心里的童年印象难以磨灭。可以预测，大部分童年缺爱的孩子长大以后都不容易快乐，生性多疑；一部分人很难与人发展正常关系，影响恋爱和婚姻。这样的孩子，也许某一刻的情境或打击，就会将他们所有的痛苦全部唤起。

　　孩子就像一张白纸，本该用爱和希望写满鲜亮的色彩。而童年缺爱的孩子，内心却黯淡无光，只有黑色。他们把自己的心折起来，不敢也不愿意向别人敞开。心越折越小，人就越来越孤独。

亲情感缺失的孩子，往往会出现程度各异的行为失范或越轨现象，如胆小怕事、内心空虚、性格孤僻、自卑自怜、焦虑偏激、语言障碍、社交障碍，乃至行为怪僻、性情暴戾等等。长大后，很多人陷入孤独的包围中，生理或心理渐生病变，严重损害人的身心健康，甚至会产生轻生的念头。这样的现象越来越多。

我曾在《深圳晚报》上看到这样一篇报道，让人平添伤感：

麻省理工学院（MIT）斯隆管理学院 28 岁的中国女留学生郭某，于当地时间 10 月 26 日被发现丧生于美国马萨诸塞州剑桥市的校外公寓内，目前死因不明，但警方表示不排除自杀可能。

一个如此优秀的女孩子，为什么会选择在如花的年纪里停止绽放呢？她说，小时候，她不快乐。

在郭某的一篇博文里，她是这样描述自己的童年生活的：

小时候，家里生活困难，三岁的时候，我便离家，开始了一个星期只能回一次家的独立生活。在幼儿园里面，我经常会感到恐惧。我没有朋友，而我又是那么可笑地自闭和敏感。别人随便对我说点什么我就会当真，于是逆反和打斗心理非常强，小学的时候常常跟班里的男同学打架。这种没有朋友的状态一直持续到了初中。可是，好不容易交了四个女生好朋友，还都被我气走了。

当然，导致这个女孩过早凋零的原因也许有很多。譬如，学习上的巨大压力，糟糕的人际关系，不顺遂的爱情，等等，但不难看出，童年时期的糟糕记忆对她的性格形成产生了极大的影响。这是不是就是问题的症结所在呢？

如果没有童年时的孤独，如果她的性格再健康一点，也许悲剧就不会发生。

孩子不知道你爱他，就会出现行为偏差

孩子们需要爱，尽管每个人都需要爱，但孩子更需要。

这就像一棵新生的树苗比一棵长大了的树更需要阳光和水分一样。孩子得到爱，才能去爱别人；得到爱，才能去爱生活。正如蒙台梭利所说："没有爱，一切教育都是扯淡。"

我们可以为孩子做的最容易，但是又最重要的事情，就是让孩子知道你有多么爱他。然而，这么容易的事情恰恰有许多父母做不到，许多孩子根本不知道自己的爸爸妈妈很爱他。

子涵性格孤僻，神色忧郁，在别人面前总是很少说话。子涵妈妈领着女儿去看心理医生。医生告诉她，也许是她的表达方式影响了孩子，试着对孩子说"我爱你"，孩子可能会有所改变。

子涵妈妈半信半疑，又觉得"我爱你"三个字实在矫情得很，难以说出口，于是找了个机会，在孩子面前说了句："孩子，你别看妈妈没说过什么，其实，妈妈是很爱你的。"

想不到，孩子听完后愣住了，然后瞬间泪目，半晌才说出一句："我从来不知道你爱我，我还以为你根本不爱我呢！"

咱们中国人讲究含蓄，讲究"此处无声胜有声，一切尽在不言中"，但问题是我们现在面对的是孩子！孩子的认知能力、解读能力有

限，真的是你不明说，他就不懂。

再者说，在自己的孩子面前，我们有什么扭捏的呢？爱孩子，就应该告诉他，不能只藏在心里。倘若孩子无法感受到我们的爱，他会觉得自己是个孤独的个体，会自然而然和我们拉开距离，亲子关系因此出现隔膜。于是孩子有问题不和我们交流，我们也无法发现孩子的问题，又何谈给予孩子正确的教育呢？

如果孩子感受不到父母的爱，那真是父母最大的失败。

和子涵妈妈不同，云海出生不久，妈妈就经常抱着他对他说："宝贝，我爱你。"

到云海一岁多时，妈妈常和他做一种"亲子游戏"，妈妈问云海："爸爸妈妈最爱谁？"

云海会习惯性地回答："宝宝。"

妈妈再问："宝宝最爱谁？"

云海则快乐地回答："爸爸妈妈。"

因为从小就受到爱的熏陶，云海出外就知道爱护比他更小的幼儿。云海两岁多时，说过一句话："大家都喜欢我。"这让妈妈觉得很欣慰，因为这正是妈妈努力希望孩子明白的事情。

云海上小学，有个别家长经常找老师"套近乎"，给老师送礼物，请老师多关照孩子，虽然每一次都被老师严词拒绝，但他们依旧乐此不疲。云海妈妈从不这样做，因为她相信对自己有信心，同时对别人充满爱心的云海，完全可以凭着自己的表现赢得老师的喜爱。

元旦的时候，云海想给老师送张贺卡，却不知该写些什么。妈妈先问清楚他想对老师说的话，然后帮他写上："老师，我爱你。"老师收到贺卡后，对孩子说她很高兴、很感动。学期结束时，在云海的成长纪念册上，老师对他的评价是："你通情达理，聪明好学，积极进取，表现欲强。特别是你有着美好的情感世界，对每个小朋友都很友善。你是我们班小朋友的骄傲。"

孩子如果对自己得到的爱感到满足，他的心中就会充满种种美好的感情，不必任何说教，他就能自然融入周围的世界，获得别人的喜爱。

爱孩子，就应该告诉他，让他知道，无论他做错了什么事，无论他的成绩好坏，无论别人是否看得起他，爸爸妈妈永远都爱他，他永远是爸爸妈妈最珍爱的宝贝。那么，孩子永远不会孤独，他就有了面对失败和磨难的勇气和自信。因为他知道，哪怕全世界的人都不喜欢他，都不接受他，至少，还有父母爱他，还有一个温暖的家永远在等待着他的归来。相反，孩子如果认为父母不喜欢自己，就很容易得出"我不讨人喜欢""没有人爱我"的片面结论，从而影响其性格的健康发育，甚至会影响其一生的幸福。

我们的温暖、值得依赖的反应，会给孩子安全感，使他更敢于探索，更敢于走出家庭，走向社会，他会更自立，建立更好的生活圈。现代教育研究表明，感受到被爱的孩子，有更好的社交能力，工作学习起来也更有热情。因此，我们完全有理由、有意识地表达我们对孩子的爱，让孩子沐浴在爱的阳光中。

爱孩子，有时就是这么轻而易举，只要有心，其实每位家长都能够做得到。

即使是"熊孩子"，也极度渴望受到尊重

前段时间，茜茜和妈妈一起回姥姥家探亲。家里的一些亲戚凑在一起，自然而然开始谈论起育儿问题，茜茜妈妈忍不住吐槽："我家茜茜很不让人省心，学习积极性不高，成绩不好，自理能力还差得很，收拾她好多次了都不管用！"

听了这话，一旁玩耍的茜茜小脸瞬间通红，手中的玩具也放下了。茜茜的小姨连忙制止："姐，别当着这么多人面那样说孩子，很容易伤到孩子的自尊心。"

茜茜妈妈非常不以为然："一个小屁孩，她有什么自尊心？"看到妈妈脸上的嗤笑，茜茜眼睛一红，迅速跑开了。

茜茜非常喜欢唱歌，可以说在班级里就是个"小歌星"，这一点就连老师也非常佩服。也正因为如此，她结识了几个同样爱唱歌的小伙伴，甚至还成立了一个"歌唱乐团"！不过，因为几个人走得太近，小孩子嘛，难免会出现一些小摩擦。有一次，气愤之下，茜茜把一个同学的鼻子打出血了。

妈妈接到老师的电话以后，火急火燎地赶到学校，看着别人家一脸委屈的孩子，妈妈当着老师、小朋友和对方家长的面，大声骂道："你这熊孩子，在家不乖巧，在学校也不学好，这才多大就学会打人

了！"要不是老师拦着，她都准备劈头盖脸打茜茜一顿了。

茜茜躲在老师身后，瞪着泪目没有说话。从这以后，她下意识地躲着妈妈走。爸爸不明白缘由，于是问道："茜茜，你这几天怎么了？以前你不是和妈妈最好吗？怎么现在不和她说话了？"

茜茜又瞬间泪目，无限委屈地对爸爸说："妈妈当着那么多人的面骂我！我再也不喜欢她了！"

茜茜妈妈一定没想到，自己看似没什么问题的批评，反而激起了孩子的反抗意识，同时也深深地伤了她的心！妈妈一定不会知道，孩子有这样一番心里话："妈妈为什么这么对我，要在那么多人的面前贬低我？我以后该怎么见人呢？"

很多家长都以为，孩子那么小，根本谈不上要面子。但事实上，孩子有时甚至比大人更要面子，因为他们总是觉得自己长大了，觉得要在其他小朋友面前塑造出一副坚强和成熟的形象！但父母的一番公开训斥，无异于扒光了自己的衣裳，这让孩子怎么能不伤心，不生气呢？

其实，每个人都有被尊重的需求，人最无法忍受的也是自尊心受到伤害，自尊心受伤往往比身体受伤更令人感到痛苦。当一个人的自尊受到严重伤害时，他所散发出的负能量一般非常大，有时甚至是毁灭性、灾难性的，所以才有"匹夫一怒，血溅五步"的说法。

而孩子的心理承受能力，与成年人相比，还有很大差距。是的，他们要比成年人更敏感、更脆弱、更无法承受打击，自尊心受到伤害时，他们虽然无法与父母公然对抗，但却很容易走向另一个极端——自卑、自闭、消沉、叛逆。

事实上，那些表现不好或是学习不好的"熊孩子"，他们的自尊心并不比普通孩子少，他们同样对批评极度敏感。若是经常遭受负面评价、批评或是斥责，他们可能因为抵触情绪产生一种"破罐破摔"的心理。但是，这并不代表他们不希望得到身边人，尤其是父母老师的认可。而恰恰是他们得不到渴求已久的认可，才越发对自己评价极低，越发对不认可他的人产生对抗情绪。

不要再以为孩子年龄小就不需要被尊重，实际上，孩子都有很强的自尊心，同样需要维护自己的尊严，伤害孩子的自尊心，是教育孩子的大忌。因为不尊重孩子，不仅会使父母与孩子的关系疏远，还会使孩子的尊严扫地，很难再以正常的心态去面对人与事，去面对自己的人生。

那么，面对孩子的错误，爸爸妈妈要怎样做，才能避免伤其自尊，又顺利地将问题解决呢？

（1）孩子犯错，要心平气和地教育。

孩子犯错是在所难免的，我们应该心平气和地纠正孩子的错误，而不是冲他大吼大叫。因为那样不但不会收到良好的教育效果，还会激发孩子的逆反心理。家长在批评孩子时，应尽量细声慢语，客观公正，和他慢慢聊。

（2）选择安静的地方进行批评。

批评孩子，应尽可能选择安静的地方，最好避开所有外人。如果你在准备批评孩子时，发现他正在和小伙伴玩儿，那么你可以说："××，你过来一下，我有点事情问你。"或者按捺住火气，等待孩子离开小伙伴后再谈。

（3）就事论事，不要扩大批评面。

有的家长在批评孩子时，总有这样一种习惯：捎带"侮辱"他的伙伴。例如，妈妈看到女儿每天总是和几个小朋友一起玩，就会说：
"放学不回家，就知道在外面玩！你就知道跟这些坏孩子混在一起，你
怎么不跟有点儿出息的交朋友呢？"这不但会让孩子感到尴尬，甚至会
影响到他未来的社交能力。

　　正所谓"树怕伤皮，人怕伤心"，孩子的自尊心是极为稚嫩的，一
旦有人伤害了它，它愈合的难度系数将会非常大。给予孩子更多的认
同和支持，才是使孩子健康成长的正确选择。

你的一个举动，就能决定孩子的幸与不幸

　　著名畅销书作家张德芬说："原生家庭对一个人的影响是一辈子
的。"对此，我深以为然。一个人从出生到成长，家庭影响会在他身上
刻下入骨的印记。

　　大多数童年灰暗的孩子，长大后都活得很挣扎。尽管他们表面看
去风轻云淡，甚至在人前光芒四射，实际上内心千疮百孔。

　　"每个人生理上的童年终将消逝，但心灵的童年总会伴随终生。"
童年不幸的孩子，也许终其一生都活在不幸中。

　　人的思维是这样的：他在潜意识中把自己想成什么样，最终就会
变成什么样。潜意识决定一个人是痛苦还是快乐。如果孩子对童年感
到痛苦，童年潜意识就会把这种痛苦植入内心深处，很难被拭去。

而孩子的童年什么样，决定权在你。

孩子的幸福，首先是从爱自己、欣赏自己开始的，父母的任务，就是尽力帮助他们培养这种自信。

琳琳是个相貌平常、体形偏胖的女孩，她的体态像爸爸，有遗传因素，平日胃口又好，想减肥难度很大。而且，妈妈也明白，琳琳即使能瘦下来，也不能变成那种她喜欢的纤细苗条的体形。

面对忧心忡忡的女儿，妈妈一直在想办法。一个星期天，琳琳的姑父和姑妈来家中做客，姑妈是一家律师事务所的负责人，接过很多和经济有关的大案子，是琳琳的偶像。那一天，琳琳和姑妈聊得很开心。姑妈走后，妈妈对琳琳说："我发现一件事情，你长得越来越像姑妈了，将来一定也能像她那样做出一番事业来。"

听了这话，琳琳很高兴，欢快地说道："对啊，咱们家的亲戚里我最喜欢姑妈了！"

妈妈连忙说："不光你喜欢她，当年上大学的时候，她长得丰满漂亮，性格开朗，老师和同学们都喜欢接近她。"

琳琳的眼睛亮了，从此，很少再为自己的身材发愁了。

孩子对自己的认可，和父母的看法有着直接的关系。如果你的孩子在某方面对自己有不满意的地方，做父母的，可以通过适当的心理暗示，让孩子喜欢上自己的特点。本来，优秀就是没有一定之规的，一个欣赏自己的孩子，言辞得体，热情洋溢，心态积极，70 分的天资，就是 100 分的效果。更为重要的是，因为爱自己，又可以激发起孩子对未来的渴望和进取之心，一步一步地就会往我们期待的秀外慧中的方向发展。

平时夸一夸，问题儿童也能变成好娃娃

很多父母的心理非常有问题，他们总把孩子的优秀与否与自己的面子挂钩，因而当孩子在学习或生活方面做得不尽如人意时，他们就会抱怨，就会责骂孩子。结果孩子越骂越不给他们争面子，因为孩子觉得：反正我就不是个好孩子，那我怎么努力都不会变成好孩子，因而自暴自弃，一蹶不振。

有这样一对父母，他们都是受过良好教育的人，他们的孩子非常聪明可爱，可就是有点贪玩不爱学习，于是这对父母就每天训斥孩子"没有用处，简直是个废物"！弄得孩子信心大失。

有一次，这个孩子考了一个不错的分数，他兴高采烈地把试卷拿回家去，结果爸爸说："这真是你自己做的吗？"妈妈斜着眼看他："不但学习不好，小小年纪还开始说谎了！"

结果孩子垂头丧气地走了，从此以后果然没有再考过好的分数。那对父母就像是高明的预言家，对着孩子唠叨着："早就说过你不行吧！看你那点出息！"

这是一对多么可悲的父母。心理学家的研究表明：这类父母之所以认为自己的孩子"不是那块料"，实际上是自己没有识才的眼光与水平。自卑的父母都望子成才，由于不懂，甚至不相信自己能育子成才，因而就用"不是那块料"的恶语，把自己与子女都毁掉了。要知道，即使是荆山之玉，尽管很美，也需要识别、雕琢，否则也不会成材的。

当你在责骂孩子时，你就是在向他不断施加心理暗示：你不行的，你不会成功的。试想一下，幼小的心灵怎能抵得过这样的"咒语"，在这样的情况下，孩子不变成庸才才怪。相反，如果你能常常热情地鼓励孩子，孩子就会下意识地按照父母的评价调整自己的行为，直到达到父母的期望为止。

拿破仑·希尔小时候也曾被认定是一个坏孩子。玻璃碎了，母牛走失了，树被莫名其妙地砍倒了，每个人都认定是他干的，甚至连父亲和哥哥都认为他是个无可救药的坏孩子。人们都认为他的母亲死了，没有人管教是拿破仑·希尔变坏的主要原因。既然大家都这么认为，他也就无所谓了，于是变得更加肆无忌惮。

有一天，父亲说给他们找了一个新妈妈，大家都在猜测新妈妈会是什么样的。而拿破仑·希尔却打定主意，根本不把新妈妈放在眼里。陌生的女人终于走进家门，她走到每个房间，愉快地向每个人打招呼。当走到拿破仑·希尔面前时，拿破仑·希尔像枪杆一样站得笔直，双手交叉在胸前，冷漠地瞪着她，一丝欢迎的意思也没有。

"这就是拿破仑·希尔，"父亲介绍说，"全家最坏的孩子。"

令拿破仑·希尔永生难忘的是继母当时所说的话。她温柔地把手放在拿破仑·希尔肩上，看着他，眼里闪烁着光芒。"最坏的孩子？"她说，"一点也不，他是全家最聪明的孩子，我们要把他的本性诱导出来。"从此以后，拿破仑·希尔正如他的继母所说的那样，成了全家最聪明的孩子。

继母造就了拿破仑·希尔，因为她相信他是个好孩子。

强者来自父母的不断赞美，面对孩子某一方面的不优秀，父母应该勇于承认差异，并鼓励孩子逐步缩小差异，而不是一味抱怨这不好、那不行，对孩子进行百害而无一益的伤害，把本来活泼可爱的孩子变成没有理想、没有志气、庸庸碌碌过一生的人。

日常生活中，当你的孩子表现得不尽如人意时，你需要这样做。

（1）用赏识的眼光观察孩子。

在日常生活中，家长务必注意孩子的行为举止、好恶，在他与别人玩耍、交谈时观察他，你就会发现你的孩子虽不爱弹琴却喜欢绘画，虽没耐心却有创意，虽不善言辞却很热心，总有他优秀的一面，记下孩子的性格倾向，从而对他循循诱导。

当爸爸妈妈用赏识的眼光来看待自己的孩子时，就会发现他们其实魅力四射。

（2）创造机会鼓励孩子。

赏识不是停留在口头上的赞美，而是一种行动，爸爸妈妈应多给孩子创造发挥他们才智的机会。比如，家里人过生日时，鼓励孩子们表演节目；每周一个晚上轮流朗诵短文并发表心得；每月办一次派对，邀请孩子的朋友参加，每人献出一个绝活……

此外，随时找机会让孩子帮你忙，洗碗、拖地、收衣服……越做越有信心，孩子才不会退缩在自卑自闭的角落里。

（3）多给孩子一点时间。

赏识就是一种宽容，既然给孩子机会，就需耐心等待孩子发挥潜力。有些父母嫌孩子做不好事，干脆自己来，孩子也乐得坐享其成，而让自己的"天资"睡着了。另一些父母，当孩子一时达不到自己的要求时，就一味地指责、批评，孩子的潜能就被压制住了。

（4）不要吝惜你的赞美。

当孩子取得一定的成绩时，及时给他赞美和鼓励的掌声，因为即使是个天才，也同样需要成功的体验来积累信心。

只要孩子有进步，就请为他"点关注"

就像我们一直说的那样，孩子是非常敏感的，他们会把爸爸妈妈的鼓励当成他们前进的动力。因此，父母在发现孩子养成了不良习惯时，要及早为他指出来，告诉他正确的做法。而当孩子努力改正时，你就要大力肯定他，哪怕孩子只取得了一点小进步，我们也要给他送上真挚的掌声。

在洗手间里，妈妈发现小首刷完牙后又把牙膏随便扔在漱口杯外面。

妈妈非常生气，把小首叫到身边，不满地说："小首，你应该可以打理自己的生活了吧！看，又把牙膏放在外面了，我不是对你说过牙膏用后要放到杯子里吗？"

小首根本没有把妈妈的话当一回事儿，只是心不在焉地回答："知道了。"

妈妈见儿子反应平平，知道刚才说的话并未引起他的重视，于是冲他喊道："听着，小首，你必须把牙膏放进漱口杯里！"

小首极不情愿地走进了洗手间，放好了牙膏，转身就走。

"记好了，以后再也不要忘了。"妈妈再次强调。

"知道了。"

第二天，小首在刷完牙后，将牙膏认真地放到杯子里了，但妈妈什么都没有说。到了第三天，牙膏又被扔到杯子外面。

"喂，小首，怎么搞的，你又忘了把牙膏放回去！"妈妈生气地说道。

"我以为你忘记了。"小首说道。

"怎么这么说呢？"母亲疑惑地望着儿子。

"因为昨天我把牙膏放在杯子里了，而你却什么也没有说！"

小首为什么又犯了老错误呢？因为当他改正后没有得到妈妈的肯定和重视，因而他又泄气了。如果第二天，妈妈发现小首把牙膏放在杯子里后，亲热地对他说："干得好，小首！妈妈知道你一定能改正坏习惯的。"那么，小首一定会非常高兴，并愿意把好习惯坚持下去。

这个妈妈的错误说明，父母的态度对孩子而言具有巨大意义。如果父母能重视鼓励的作用，灵活运用鼓励的手段，那么就能很轻松地帮孩子改正坏习惯。

小川有个乱丢东西的坏习惯，他每天放学一回到家，就把他的书包、鞋、外衣扔到客厅的地板上，回到房间后，又把玩具丢得随处都是。虽然偶尔小川也会按照爸爸妈妈的要求把东西都摆放好，但大多数时候都是随地乱扔。对此，小川爸妈试过很多方法，试图矫正他这个毛病，但无论是提醒他、责备他还是惩罚他，都无济于事，小川的东西仍旧堆在地板上。

这天，小川妈妈终于看到了小川把自己的东西收拾得很整齐，她立即走上前去，轻轻地拥抱了一下小川，高兴地说："看！我就知道你不是个没规矩的孩子！你收拾得多干净啊！"

小川刚开始很吃惊，但很快他的脸上就充满自豪感。因为他将自己的东西带入自己的房间而受到了肯定和鼓励，于是在这之后，他就尽力去这样做，而他的妈妈也记着每次都对他表示肯定和鼓励。

对于正在成长中的孩子来说，日常生活中的好习惯和坏习惯同时存在，如何鼓励孩子保持好习惯，矫正不良习惯，一直是困扰父母的难题。如果适当运用鼓励来做这项工作，事情就会变得容易得多。

教育学家的建议是，在某些时候，父母应该刻意忽视孩子的不良行为，将自己的预期目标分成小步骤，循序渐进地做，这样就能很容易地矫正孩子的坏习惯。也就是说，如果一个孩子有不良的生活习惯或行为，父母不应该对此抓住不放，而应该找到孩子偶尔没有此不良行为的时候对孩子予以鼓励。

父母对孩子的每一个微小进步都能加以鼓励，即是对孩子的积极行为进行强化的最好方式。哲学上讲质变是由量变引起的，平时大量的细微进步，积累起来才可能有大的变化。

可是生活中，很多家长往往不注意鼓励孩子的微小进步，他们对孩子的期望比较高，总希望孩子能一下子达到他们的要求。因此，对孩子一些细小的进步不是很注意，反应比较冷淡。事实上，这会使孩子觉得家长对自己的进步漠不关心，认为自己的努力白费了。时间一长，他们就会失去进取的动力，原来可以改变一生的进步也会因为得不到强化而消失。因此说，无论孩子是在学习还是生活方面，只要孩子有进步，哪怕微不足道，爸爸妈妈就应该立即给予他建设性的鼓励，当有好的表现时就要加强鼓励的感情色彩。

鼓励孩子每一个微小的进步，就是在强化孩子的进取之心。不要吝惜你的鼓励，这是帮助孩子改正缺点的必不可少的要素。

孩子需要悉心爱护，但不需要宠爱无度

一位父亲讲述了这样一件事：他的儿子是一个很不错的孩子，至少在学习上没让他费过心，只有一件事让他为难，就是孩子花起钱来大手大脚，每隔几天就向父母要钱，夫妻二人疼爱孩子，几乎每次都满足他的需求。

可是，最近一段时间妻子被单位辞退了，自己做的那点小生意受大环境影响，效益也不太好，一天，孩子向他要 1000 元，说是要买一双名牌运动鞋，另外还要请同学吃比萨。他觉得在这种情况下，全家人都应该节省一下开支了，于是就委婉地向孩子解释家里的情况："你妈妈不工作了，爸爸的小生意也一年不如一年，所以你要体谅大人，花钱要有节制一些！"

"这是你们的事，与我有什么关系！"儿子气呼呼地打断了父亲的话，"你快点给钱，养我是你们的义务！"这位父亲瞬间惊呆了，他实在想不到，孩子竟然对父母如此冷漠，对家庭竟然没有一点责任感。

生活中，像这样缺少家庭责任感的孩子并不少见。

现在，我们的家庭已经没有了普遍的穷困，大多数孩子生活得无

忧无虑，根本搞不清楚自己为什么对父母、对家庭、对社会要有一份感恩之心和责任感。

一个没有责任感、没有感恩心的孩子，因为找不到自己在社会中的地位与重要性，便会感到迷惘，而失去努力成就的动力，更容易为其他一些物质性的、轻浮的事物所吸引，进而沉溺其中。因此，我们要巧妙地培养孩子的感恩心与责任感，让现在的"富孩子"也能早当家。

雷女士家境富裕，她的女儿萱萱在生日来临之际，向她索要 5000 元办生日聚会，她开玩笑地问了一句："闺女，你总向妈妈要钱，花起钱来也大手大脚，可有一天妈妈没钱了怎么办？"

15 岁的女儿回答说："那你就去赚啊，这不是我该关心的事吧？"

雷女士大吃一惊，她发现孩子丝毫没有为家庭着想的概念，她认为自己必须改变这一点。雷女士向公司请了三个月的长假，然后对女儿说："妈妈失业了！从今以后爸爸要一个人供你上学、供车子、供房子，还要养妈妈和奶奶，你也长大了，该学会帮爸爸妈妈分忧了！"为了让女儿相信，她还陆续向女儿借了几次钱，因为她"没钱买菜了"。

一个月后，她发现女儿彻底变了，见到喜欢的衣服她不再缠着妈妈买，一起逛街时，如果雷女士对哪件漂亮衣服多看几眼，她还会安慰妈妈："别看了，看了又买不起，等我长大赚了钱，一定会买很多衣服给你，但现在不要给爸爸增加负担了！"

还有一次，她手边没有零钱，就给女儿一张五十元，让她自己去吃早餐，结果女儿含着眼泪问她："你把钱给了我，还有钱买菜吗？"看着女儿一天比一天懂事，很多时候还主动询问爸爸的工作情况，雷女士很欣慰，不过她也在想是不是应该提早结束假期了，因为女儿渐渐有点吝啬的倾向了。

雷女士使用的方法很有趣，在增强孩子责任心方面也起到了不错的效果，这招以富扮穷、以强扮弱看来还是相当有效的。如今，我们绝大部分家庭都有比以往更好的生活条件，大多数的父母都喜欢对孩子说："现在生活好了，我们不需要你为家庭操心，只要你做个好学生，将来有作为，我们再苦再累也心甘情愿。"父母们认为：现在条件好了，我们要为孩子争取一切可能的机会，为孩子提供最好的学习条件，给孩子最好的生活待遇，使孩子能出类拔萃……其实，这种教育观念与态度，往往会造成事与愿违，孩子在无忧无虑中慢慢就被宠坏了。因此，我们需要让孩子明白，作为家庭组织中的一员，他对家庭是负有一定责任的。

马里昂夫妇是一对在读博士，在攻读博士学位前他们已经有了一个7岁的儿子勒布朗。勒布朗聪明伶俐，唯一的毛病就是喜欢吃零食。在他还不满4岁的时候就知道拉着爸爸妈妈到不远处的超市买零食。

每次遭到爸爸妈妈的拒绝，小勒布朗就哭闹不止，大有不达目的誓不罢休的势头，马里昂夫妇纵然是满腹经纶也奈何不了他。有一次，小勒布朗又要让爸爸给他买糖果，爸爸说："亲爱的勒布朗，爸爸可以答应你的要求，但是你也要答应爸爸一个条件。"

"什么条件？"小勒布朗满脸疑惑。

"你现在买糖果的钱和你在幼儿园上学的钱都是属于爸爸妈妈的，可我们以后也要上学，所以你每花费一分钱爸爸都会记下来，等你长大后也要还给我们，供爸爸妈妈上学。"爸爸说。

小勒布朗似懂非懂地答应了。从此，勒布朗每花费一分钱爸爸就提醒他一次"这些钱以后你要还给我们"。6岁的时候，小勒布朗已经不再乱花钱了，他的小脑袋里除了功课外，已经开始琢磨怎样才能依靠自己的力量挣钱，将来供爸爸妈妈读书了。

很快小勒布朗 7 岁了，马里昂夫妇开始攻读博士学位。随着年龄的增长，小勒布朗的思维也开阔起来，有一天，他忽然想起奶奶曾经说过："小孩子能使用简单的劳动工具后，就可以寻找打零工的机会了，如帮社区邻居送报纸、铲除车道上的积雪等。"勒布朗想到这里兴奋不已，因为这里刚刚下过一场大雪，而且他已经会使用铁锹了。

第二天一早，小勒布朗就按响了一对老夫妇家的门铃。

老妇人打开门以后，发现门口站着一个漂亮的小男孩。

"你好！"小勒布朗很有礼貌地说，"我叫勒布朗，我来帮你们铲雪好吗？这么早就过来，会不会打扰到你们？"

老妇人亲切地说："不会！我们也是很早就起来了……"说着，对着屋内喊道："老头子！我们的车道铲雪工作，就决定交给这位小男孩喽！"

"你年纪这么小，就这么积极地打工，将来长大一定会很有成就。"老妇人说，"你打算怎么利用自己赚来的钱呢？是要把它们存起来，还是拿去买糖果？"

小勒布朗兴奋地说道："我赚钱不是要买糖果用的。我爸妈都还在念书，我赚的钱，先赞助他们交学费！等我将来长大，他们答应也会帮助我读大学。"

小勒布朗工作结束后得到了 10 美元报酬。

马里昂夫妇对孩子的教育是十分成功的，他们让孩子参与到具体的家庭事务中，还给他设定了一个伟大的目标："供父母上学"，结果勒布朗小小年纪就具有独立能力和责任感，而这两个特质对每个孩子都非常重要，也恰恰是很多孩子都缺少的。

　　"不懂事""对家庭缺少责任感"正是现在人们对一些孩子的评价。现在的孩子大多是独生子女，是父母的宝贝，从小就是要风得风，要雨得雨，因而养成了以自我为中心、不体贴父母、不关心家庭的坏习惯。作为父母，为了孩子的将来，你有必要让他明白，家庭也需要让他做些什么，父母没有义务无限度地满足他的要求。

第二章

从本能感性到自觉理性，
妈妈角色的自我成长

作为养育的重要责任人，妈妈们几乎无时无刻不被孩子制造的麻烦问题包围着，招数想尽，效果一言难尽。无措从而引发焦虑，焦虑导致理性丧失……所有的妈妈请先认清一点——只有与自己达成和解，才能更好地教养孩子。对于孩子而言，他需要的是更平静的妈妈接纳他，更温柔的妈妈欣赏他，更积极的妈妈带领他……

你被育儿焦虑，折磨到几近崩溃了吗

图图 2 岁的时候：

图图不吃饭，妈妈急，担心宝宝饿坏了；图图吃的少了，妈妈也急，担心图图长不高。

图图流鼻涕，晚上睡觉鼻吸声大一点，妈妈就很紧张，担心图图发展成鼻炎。

图图咳一声，妈妈的心抽一下——该不会是肺炎吧？

图图生病吃药，妈妈担心药吃多了对图图不好，可是不吃又担心病期拖得更久。

图图睡晚了，起早了，妈妈也担心，担心图图睡眠不足。

天气热了，开空调妈妈怕把图图吹坏，不开又怕把图图捂出痱子。

图图妈几乎把市里所有的大型亲子机构试听了一遍，为图图选择了一家较为满意的。过了一个月，又增加了音乐课和绘画创意课。

图图 5 岁的时候：

图图妈在育儿群里和妈妈们互相交流购书信息。图图妈下了一单又一单，感叹着，"看别人给孩子买书，就怕图图的书少，又买了好几百元的书，不买就觉得亏欠孩子似的"。

图图性格有点内向，图图妈很是焦虑："图图在家可活泼了，可一出去就蔫蔫的。别的小朋友拿他的玩具，他也不争不抢。人家推他，他也不知道保护自己。我发愁，上了幼儿园，没有大人在身边，受欺负可怎么办？"图图妈辞职在家，全部时间都给了孩子，"我全身心付出，甚至没有了自我，可孩子还不如别人家孩子活泼，我挫败感特别严重"。

最近，图图妈又开始焦虑上学的事情了，该选哪一所学校呢？哪的老师更优秀呢？进不去好的学校该怎么办？图图妈很心焦。"现在基本不操心吃喝拉撒，又开始考虑教育。我觉得可累了。"

图图打乒乓球、羽毛球，一下打不着，两下打不着，第三下，妈妈就开始紧张，因为她知道图图要是第三下再打不着，肯定会气得坐在地上大哭！

图图妈一个人的时候时常发呆，满脑子都是怎样把儿子教育得更出色。图图妈是多么希望能把儿子教养得完美无瑕！

看来，图图妈是患上"养儿焦虑症"了！

若要在全球范围内评选"最无私，最负责任"的妈妈，中国的妈妈们肯定名列前茅，正所谓"关心则乱"，原本作为令父母骄傲的孩子，如今却成了父母心中焦虑的重要来源。或许有人要说："做父母的哪个没焦虑过呢？"的确是这样，但是不要让它成为自己的一种情结，不要觉得自己不如别的父母，觉得亏欠孩子。父母们有千差万别，只要真心真意地爱孩子，大家都一样。

事实上，妈妈太紧张，孩子也会受影响，即使妈妈认为自己在孩子面前一直克制着自己的焦虑，但实际上不良的情绪还是会在第一时间传递给孩子。为了孩子，也为了自己，妈妈们必须要克服焦虑，顺其自然。其实，在孩子的成长过程中，家长最忌有功利心。

理性爱孩子，别给他拖妈妈下水的机会

妈妈惯孩子，这在中国是一个非常普遍的现象。中国的妈妈在孩子面前极其感性，真是活到老，操心到老。

因此，我们看到很多妈妈对孩子的事情特别用心，用心到了无微不至的程度，孩子的事情，她们都提前处理得当，完全不需要孩子操心。结果，孩子因而变得依赖感极强，又因为依赖变得懒散、拖沓，不能自理。

晏女士的儿子浩浩都上小学五年级了，可还是什么都不会做。每天晚上，晏女士都要帮他把书包装好，早晨起床，他就会坐在那里等着妈妈给他穿衣服，有时他不爱吃饭，还得让妈妈喂他吃。晚上学习时也是一会儿妈妈这儿，一会儿妈妈那儿，如"妈妈我本子找不到了""妈妈，我这道题不会，你给家教打个电话吧！"

以前，晏女士的想法是，多帮孩子做点事，孩子就可以有更多的时间学习了。确实，浩浩学习成绩一直很好，上次又考了全班第一，这也是晏女士心中的一个小骄傲，可是孩子处处依赖妈妈的习惯也确实成了问题，外套得妈妈给脱，脚得妈妈给洗，牙膏得妈妈给挤……

有时，晏女士也想让他自己做自己的事，可她刚一开口，孩子立

刻就反驳过来："妈妈，我又给你考了全班第一，作为奖励，你也应该给我洗脚吧？"说完还又添上一句，"谁让你是当妈的呢？你以为当别人的妈那么容易呀？"

听了这话，晏女士真是哭笑不得，孩子现在伶牙俐齿得很，处处跟她顶嘴，她都说不过他。孩子今天这样，晏女士也知道都是自己惯的，也知道这样下去对孩子的成长很不利，可她又不知道该怎么办。

不少妈妈都和晏女士一样，总是"心太软"，恨不得孩子所有的事情都由自己扛，对孩子的一切大包大揽，结果让孩子患了"软骨症"和"依赖症"，给他以后的人生造成了巨大的障碍。

如果一个人在生活和工作中总是依赖别人的呵护与帮助，即便他具有再强大的本领，也只能是在激烈的竞争中不堪一击。因此，独立能力是具备竞争力的必备前提。所谓独立，就是能够主动地发现问题、解决问题，并在任何形式的对抗中掌握控制的主动权。独立是一种基础生存能力，是塑造自我、完善自我的首要条件。

对于孩子来说，独立解决问题的能力对于他的成长和发展来说是至关重要的。俗话说："温室里长不出参天松，庭院里练不出千里马。"这个道理虽浅显，蕴含的意义却很深刻。试想一下，如果我们的孩子3岁还不会自己上厕所、4岁还不会自己换衣服、5岁还记不住家的方向，那么就算他能识字上千、背诗百首，人们能承认他是"天才"吗？这样的孩子长大后又会怎样呢？许多"天才神童"在长大成人后沦为平庸之辈，甚至丧失生活能力，这样的例子其实并不少见。

现实生活中，有不少妈妈都有这样的想法：孩子还小，自己做事有危险，等到孩子大了，到一定的年龄，自然就会懂得独立。以至于很多孩子到四五岁时还不会自己穿衣服，遇到什么事情都要依靠父母。

而事实证明，越早独立的孩子，长大后的自理能力越强，也更能适应现代社会的激烈竞争。

要杜绝孩子产生依赖性，妈妈们就应该致力于培养孩子的独立能力。妈妈要引导孩子做力所能及的事情。妈妈不应该在孩子遇到困难要求帮助的时候就代劳，而是要给孩子适当的鼓励，比如说"妈妈相信你能做好""这点小事难不倒我们家的男子汉"等，让孩子受到刺激和鼓励，积极地去独立完成。

那么，可以试着让孩子自己去完成以下事情：

每天确认并准备好要带的物品。

每天早晨自己整理好被褥。

事先准备好上学要穿的衣服。

每天进行一些兴趣爱好活动（如弹奏乐器、做运动等）。

按时完成作业。

把要洗的衣服装进洗衣篮里。

自己的房间自己清扫。

和妈妈去买菜。

垃圾分类处理。

一周给花草浇一次水。

总之，妈妈应该在孩子能力范围内，给他们自主选择的权利，给孩子适合他们年龄的任务。当孩子主动去做并完成得很好时，我们可以给予一定的奖励。需要注意的是，我们不能够养成孩子只要做事情就给钱作为奖励的习惯，那样孩子会期待他们做所有事情都能得到零用钱。

如果孩子想自己尝试，妈妈没必要总是事无巨细地关心。放手让孩子去做，就是给孩子一个机会，让他在自己动手尝试中获得经验教训，以便将来更好地解决问题。这种经验对孩子来说可能是成功的，也可能是失败的，但不管是成功还是失败，它们都会在孩子今后的生活中发挥重要的作用。

教孩子把事做好，而不是替孩子把事做完

如果因为孩子做得不够好或者不够快，我们就替孩子来做，这不仅剥夺了孩子熟悉和巩固一种技能的机会，而且抑制了孩子自立的愿望和尝试的热情。

妈妈这样做，会让孩子认为"我做的不如妈妈好，那就让她来做吧"，以及"我这样做会让大人不开心，或许我一开始就不该自己做事"。这样，孩子就接受了妈妈强加给他的依赖心理。然后当孩子形成了依赖习惯之后，我们反过来说"我的孩子从小就喜欢依赖别人，真没办法"。

其实，教孩子独立比替孩子做事更有价值。

可能一些妈妈觉醒得较早，在她们的坚持下，孩子已经习惯了独自上学放学、独自去超市购物等等。但是，这还不够，孩子逐渐在长大，很多时候他们应该像个小大人一样，如独自做决定、独自计划并完成一件事情。这些都是除了课业知识之外孩子必须要掌握的生存本

领。让孩子独立负责一件事情，这可以更大限度地激发孩子的积极性，在这个过程中，孩子学习生存技能以及基本生活常识的效率会空前提高，会学到很多书本和学校学不到的东西。

有人去法国探亲时看到一件很有意思的事情。法国的家长喜欢带孩子去郊游和野餐，有一次他去海边度假，看到许多小孩在海边玩耍，其中一个小孩用手捧着水往岸上的一个坑里灌。由于用手捧水会漏，距离又远，水总是装不满，他反反复复地试了很多次，丝毫不泄气。后来，他停下来想找一个可以盛水的东西，但旁边什么都没有。最后，他跑到妈妈身边，从自己的小包里取出一张较硬的纸，然后折成盒状再去盛水，坑洞很快就盛满了水。孩子高兴地笑了，回头看着身后的妈妈，这位法国妈妈正在为自己的孩子鼓掌喝彩。

很多人都说，中国的妈妈是世界上最伟大的女性，可是我们却很少去思考：在无微不至的关怀下，我们的孩子将会失去什么？每当学校举办户外活动，我们的老师总是对孩子嘱咐再三，如注意安全、要遵守秩序、不要乱跑、队伍排整齐……中国的妈妈和老师都有一个通病——唯恐孩子发生意外，不仅不敢像国外的家长一样让孩子探险，就连孩子上下学的路上也担心被车碰撞到、遇到坏人等。我们不是常常见到行色匆匆送孩子上学、放学围在校门口焦急等待的家长吗？总觉得孩子长大后就能放手了，然而妈妈们却因为这种前怕狼后怕虎的心态，总让孩子生活在自己的保护之下，扼杀了孩子的独立性。

我们应该给孩子独立锻炼的机会，如单独活动、自行购物、与小朋友交往、独立完成作业等，越是有一定的困难度，越是要让孩子自己去做。因为只有让孩子经常完成具有一定难度的事情，他才能够锻炼自己克服困难的能力并体验到成功的喜悦，从而增强自信心和独立性，并变得坚强起来。

有一个小故事是这么说的：

老人在山里打柴时，拾到一只很小的样子怪怪的鸟，那只怪鸟和出生刚满月的小鸡一样大小，也许因为它实在太小了，还不会飞，老人就把这只怪鸟带回家给小孙子玩耍。

老人的孙子很调皮，他将怪鸟放在小鸡群里，充当母鸡的孩子，让母鸡养育。母鸡没有发现这个异类，全权负起一个母亲的责任。怪鸟一天天长大了，后来人们发现那只怪鸟竟是一只鹰，人们担心鹰再长大一些会吃掉鸡。为了保护鸡，人们一致强烈要求要么杀了那只鹰，要么将它放生，让它永远也别回来。

这一家人自然舍不得杀它，他们决定将鹰放生，让它回归大自然。然而，他们用了许多办法都无法让鹰重返大自然。这只鹰从小习惯了被照顾，死活不肯离去。后来村里的一位老人说："把鹰交给我吧，我会让它重返蓝天，永远不再回来。"

老人将鹰带到附近一个最陡峭的悬崖绝壁旁，然后将鹰狠狠地向悬崖下的深涧扔去。那只鹰开始也如石头般向下坠去，然而快要到涧底时，它终于展开双翅托住了身体，开始缓缓滑翔，然后振翅高飞，飞向蔚蓝的天空。它越飞越自由舒展，越飞动作越漂亮。它越飞越高，越飞越远，渐渐变成了一个小黑点，飞出了人们的视野，永远地飞走了，再也没有回来。

想让鹰学会飞翔，就要给它蓝天，整天待在鸡窝里，鹰是永远学不会飞翔的。我们要想让孩子的人生有所成就，就必须懂得在关键时刻给他一片蓝天，让他去历练、去学习，孩子最终才能真正飞翔起来。

我们必须明白随着时光流逝，我们不可能永远跟着孩子，我们无法为孩子预定未来；社会在进步，事情不会一成不变，我们也不能为孩子设定方法。既然这样，倒不如让孩子在他力所能及的事情上，自己去思考问题、解决问题，逐步培养孩子独自处理事情的能力。对于孩子来说，过程比结果更重要。这样，孩子才能大胆地去探索外面的世界，才能得到锻炼，为未来打下坚实的基础。

（1）要学会抓住教育时机，适时地给予引导。

很多独立的习惯都要注意从小去培养，妈妈们应观察孩子在独自处理问题时有哪些优点和不足，然后有针对性地去锻炼他。

（2）一定要给孩子提供自己解决问题的机会。

妈妈不妨刻意给孩子"制造"一些麻烦，然后让他自己去想办法解决。在这个过程中，刻意培养孩子的思考能力、变通能力以及做决定的能力，这对于他们思维方式的建立以及勇气的发展都有很大的帮助。

孩子的人际难题，只给他理性建议

雯雯今年 12 岁，是一个很优秀的小姑娘，学习成绩优异，性格开朗大方，为人真诚热情，深受老师和同学们的喜爱，也是爸爸妈妈心中的甜美小骄傲。

今年暑假，雯雯参加了一个夏令营活动，进营没多久就被辅导员

"钦定"为自己的小助手，对于孩子出色的自理和社交能力，雯雯爸妈也是沾沾自喜，那种小自豪溢于言表。

有一天，雯雯妈妈突然接到孩子电话，感觉孩子情绪很差，难道她在夏令营里出事了？

以下内容来自雯雯妈妈的转述。

"雯雯，告诉妈妈你怎么了？有人欺负你吗？"

"妈妈，我们原来的辅导员生病休假了，新来的男辅导员……"

"他怎么你了？！"

"今天早晨我没有在规定时间内将全部队员召集到用餐处，他当着所有人的面训了我，我真的特别尴尬，都不知道以后怎么做大家的组织工作了。"

孩子的声音充满委屈，妈妈心中疼惜不已："你只是义务性地做辅导员助手，他不应该这样苛责你，你放心，妈妈会给夏令营负责人打电话，让他跟你们的辅导员好好谈谈。如果还是不开心，就别做这个助手了，多一事不如少一事。"

雯雯妈妈认为，她替女儿"伸张了正义"，非常解气。

事实上，这样不可以！

客观地说，妈妈心疼孩子，确是人之常情，而且不无道理。

根据母亲对孩子的了解，雯雯应该是个很靠谱的助手，她没能按时召集队员，想必也是事出有因。辅导员不由分说当众批评孩子，没有考虑孩子的心理感受，并且使孩子在小伙伴面前威信丧失，这一点非常欠考虑。

但是，妈妈在孩子面前这样指责辅导员，会使孩子心中的委屈大过理性，她便不会再客观检视自己有无过错，却会将心中对于辅导员的怨愤进一步扩大，这非常不利于孩子正确处理二人之间的工作关系。

再者，孩子所诉说的委屈，毕竟只是一面之词，母亲在没有详细了解前因后果的情况下，就主观发表护短意见，这是非常不妥的。更不妥的是，妈妈当着女儿的面表示，要亲自去找夏令营负责人交涉这件事，那么女儿日后在处理人际矛盾时，是不是会不管自己对错，都倚仗父母出面解决呢？

孩子如何处理问题，应尽量交给孩子来处理，妈妈尽量不要介入其中，剥夺孩子学习和成长的机会。

当然，当孩子向我们倾诉委屈时，我们也不能置之不理，更不能为了刻意不护短，不由分说先批评孩子——"都是你的错！"这对孩子不公平，也不合理。比如，孩子由于辅导员的粗暴、老师的偏心、邻居的闲话等原因和他们发生争执，如果父母不替自己的孩子合理辩护，反而一味替这些人说好话、找理由，孩子能服气吗？他能不伤心吗？

当孩子感到委屈，情绪低落时，妈妈应该及时给予合适的安慰："孩子，你的心情我能够理解，你一定觉得很难过，你可以跟妈妈开诚布公地说一说，但愿我们的谈话可以让你心情变好一些。"

然后我们要做的是，帮孩子剖析一下整个事件的前因后果，让孩子客观确认一下，矛盾的发生自己有没有责任："新辅导员是个男生，可能比较直接，不注重与人谈话的方式。但你没有做好工作任务，也应该适当审视一下自己的不足，努力弥补缺点让自己变得更加优秀。另外，学会与各种各样的人相识相处，处理人与人之间的各种问题，也是你参加夏令营的学习任务之一，如果你能够自己想出办法处理好你和辅导员的关系，对你来说将是一个非常了不起的成长，你觉得呢？"

这样做，我们既可以避免越俎代庖替孩子处理问题，给孩子留下思考和成长的空间，又能为孩子的学习和成长提供一些切合实际的指导和帮助，这才是教育该有的样子。

雯雯妈妈在和女儿的对话中，另一个比较严重的错误，就是提议女儿不开心可以"辞职"。这是明晃晃地怂恿孩子逃避责任，躲避困难。一个人，如果遇到困难或者对人际关系不满，一言不合就"撂挑子"，置责任于不顾，他怎么可能出类拔萃呢？他不会得到别人的尊重。

社会说到底是复杂的，我们必须给孩子提供各种各样的机会让他们学习各种各样的方法去应对它，而不是以我们的护犊之情将他们与有点残酷的现实隔离开。孩子与社会联通的最关键一点，就是学会与各种人事打交道，妈妈需要做的，是帮助孩子根据自己的意愿建立良好的人际关系，绝不是用我们的希望来操控孩子的现实。

妈妈过多介入孩子的成长，一定会极大限制孩子生存能力的培养，让他不能自主判断事物，失去较好的成长机会。妈妈应该给孩子必要的自主权，让他们在一定程度上自己去判断善恶，自己去把控好坏，而我们要做的则是在大方向上把好关，合理地给孩子提供建议，尽量让孩子自主去选择。

不做唠叨妈，别把孩子成长节奏吼乱了

妈妈们在进行家庭教育时，常常会发生这样的问题：说了孩子许多次，可越说越不听；帮了孩子许多次，可孩子一点反应都没有；教育孩子多次之后才发现孩子的表现与自己的期望恰恰相反……或许你对此百思不得其解，那不妨反省一下自己，是不是你自己太唠叨了，给孩子造成了心理压力和逆反心理？

婷婷有个奇怪的习惯，就是别人一催促她或者站在她背后，她就感觉节奏被打乱，工作效率直线下降。了解情况的人道出了真相，原来，婷婷的妈妈是个非常急躁的人，而婷婷则是个慢性子，于是婷婷的童年就在母亲的"催促"中度过了。

平时，小学生下午3点多就放学了，婷婷到家4点多。妈妈要求婷婷必须在5点半之前完成作业，可婷婷经常要写到6点多，有时甚至要写到7点半，因为她写得很认真。

妈妈看到婷婷这个样子，又对比邻居柳柳的情况，认定婷婷贪玩，写作业不专心，于是决定好好督促她，让她改过来。

后来放学一到家，妈妈就追问婷婷作业是什么。婷婷正兴奋地跟妈妈分享学校里的趣事，妈妈却心不在焉，只是催促她快点写作业；婷婷饿了，跟妈妈说，妈妈不耐烦地吼了起来："我叫你快点写作业，你没听见吗？不写完不准吃饭！"

婷婷愣住了，一时还搞不清状况，不知道自己做错了什么，为什么妈妈要对她发这么大脾气。她被吓住了，很害怕，心里很难受，坐到书桌前，但根本没心情书写。

过了一会儿，妈妈偷偷观察婷婷，发现她只是摊开了作业本，坐在那里发呆，只字未写。妈妈的火气更大了，大声质问："为什么不写作业？走什么神呢？"婷婷不说话，委屈地看着妈妈，妈妈再一次逼问："我问你话呢，怎么不回答？你是哑巴吗？"婷婷终于忍不住了，"哇"地一声大哭起来。妈妈觉得很崩溃，失望地说："没出息的样子，你爱怎么样就怎么样吧，我不想管你了！"于是不再搭理婷婷。

婷婷哭了好一会儿，哭累了，就一个人坐在那里发呆，妈妈看到她这个状态，心有不忍，好说歹说把她拉去吃饭了。饭桌上，妈妈告诉婷婷："以后你写作业快一点，你快点写完我自然不会冲你发脾气了……"婷婷连着答应了几声"哦"，没再说别的。妈妈觉得还比较满意，好像自己的话孩子终于听进去了。

然而并非如此，婷婷并没有快多少，作业还总是出错，并且形成了那个只要别人站在身后一催，节奏就被打乱的心理障碍。

絮叨、吼叫是教育子女时极其不好的一种方式，也是妈妈们缺少教育方法的一种表现。妈妈们应该认识到，教育不是教训，当我们发现孩子有某些缺点和不良习惯，进行批评教育和引导时，应注意使用多变的语言，以及不同的语调和表情，选择适宜的时机，有的放矢地进行纠正，使之能够"动其情，明其理"，再加上给予具体的帮助和监督，这样才能使孩子逐渐改掉缺点和不良习气，养成良好的习惯。

（1）和孩子说话要讲究语气、态度。

教育应以尊重为前提，父母的言行就必须落在实处。妈妈们与孩子交谈时，如果发现他的观点正确，那么就不要再端着架子，而是以轻松的口吻对他说："宝贝，对不起，是妈妈错了。""乖孩子，妈妈要向你学习。""好样的，你比妈妈做得还好！"等等。

（2）对孩子的进步及时给予肯定。

看到孩子向着你的预期有所进步，妈妈应该及时运用微笑、点头等面部表情，对他的上进行为表现出赞同，说上一句："宝宝你真棒！"从而让孩子感到原来我做的事情这么厉害，不然，妈妈怎么会赞扬我呢！这要比唠唠叨叨、大吼大叫地命令孩子做事情，更能使孩子听话懂事，也更利于改掉孩子一些坏的生活习惯。

（3）不要絮絮叨叨，恼羞成怒。

孩子说话、做事难免出错，这个时候，他总想维护自己的面子，从而出现一种捍卫自我尊严以免受伤害的心理倾向。因此，面对出错的孩子，妈妈不要以高明者自居，大吼大叫地指责他笨拙、糊涂、愚蠢，并且还唠唠叨叨对他说："这点事也做不好！妈妈像你这么大时……"这种"经验之谈"，只能让孩子感到一种"被歧视"，认为妈妈是看不起自己。正确的做法应当是：以平和的口气，巧妙地点出他的错误，帮助他分析事理，弄清是非。

不给孩子自主权，对抗情绪一定被点燃

很多妈妈都认为，孩子应该听妈妈的话，不要总是有那么多想法，这才是个"好孩子"。可是，如果父母总是剥夺孩子的自主权，那么孩子不仅不能健康成长，反而会越来越"坏"，家里总是弥漫着战场的气息。

思思读初中了，最近一段时间，她和妈妈闹得很不愉快。起因是思思以学习紧张为由，放弃了钢琴学习。妈妈也很犹豫，思思的钢琴弹奏已经考到了6级，就这样放弃了未免太可惜，可是看到思思每天回到家就坐在书桌前忙碌，功课的确很紧张，妈妈也只好作罢。

有一天，妈妈帮思思收拾房间，无意中看到了几张思思画的画。这下子妈妈起了疑心，就在思思做功课的时候突击检查，果然发现思思的作业本下面藏着画纸。敢情女儿成天忙画画呢！妈妈生气了，很生气，她大发脾气，不顾思思的请求，把所有能找到的画全都付之一炬，还"勒令"思思去上钢琴班。

在妈妈的"监视"下，思思又开始学钢琴了。思思妈以为，这一次总算把女儿的问题解决了，没想到，从这以后，思思不但钢琴水平止步不前，反而经常做噩梦，梦到自己参加钢琴考级，考得一塌糊涂。

事实上，思思是一个很有绘画天赋的女孩，她从未接受正规的美术教育，可是画得比那些经过美术班培训的孩子都好。妈妈不是不知道思思喜欢画画，可她认为画画没发展，女孩子就应该学音乐，既陶冶了情操，又增添了气质，以后说不定可以当音乐老师，这不是一举数得的事吗？思思好不容易考到了钢琴 6 级，怎么能说放弃就放弃呢？再说，现在她的学业那么紧张，哪里还有时间去画画呢？妈妈觉得女儿不理解她的苦心，不务正业，一定有问题，将来是要吃亏的，当前自己最大的任务就是把女儿的错误思想纠正过来。

显而易见，这对母女之间的矛盾，问题不在思思身上，其实是思思妈妈的教育观念走入了误区。事实上，很多父母都是如此，他们以为自己知道什么对孩子最好，这种自以为是使他们忽略了孩子的独特需要，而更多考虑的是自己的意志；使他们看不到孩子身上的闪光点，却把目光集中到孩子的"另类"之处。于是，家长们迫不及待地要"纠正"孩子，希望孩子沿着自己理想的方向走下去，到头来，孩子很痛苦，家长也疲惫不堪。

回到思思的例子中。思思明显具有绘画的天赋，妈妈却一定要让她学习不擅长的音乐，这会导致什么结果呢？思思在音乐的世界里找不到自我，长此以往，思思很容易对自己失去信心，就算咬紧牙关加倍努力，将来也不过是走入平凡之途；反过来，如果思思获得了学习绘画的机会呢？可想而知，她至少可以做得比一般的孩子更出色！

每个孩子都有与众不同的地方，而这些"不同"往往就是孩子的天赋所在。孩子的天赋，需要家长来唤醒和培养，而不是忽略和抹杀。思思能够找到自己的天赋，这是多么值得欣喜的事，妈妈有什么理由剥夺她创造美好事物的机会呢？妈妈有什么理由不让她成为最好的自己呢？

　　奉劝部分母亲，请把自己的孩子当成一个有思想的独立个体，尊重他们自主选择的权利，鼓励他们表达出内心想法。

　　（1）聆听孩子的言语。想要鼓励孩子说出自己的想法，妈妈首先就要学会聆听。妈妈可以选择一天不忙的时间和安静的地点，与孩子坐在一起，让他表达自己的心声。与此同时，妈妈还应注意聆听的方式。当孩子滔滔不绝时，妈妈请尽量放下手里的活，用眼睛注视着孩子，表示是真心在与他互动。这样的行为，妈妈必须每天进行，哪怕只是短短的几分钟。

　　（2）不要嘲笑孩子。孩子的认知能力有限，所以说话不免有些幼稚，妈妈不要因此就嘲笑孩子，对他说："你懂什么啊！"不要总是以大人的思维来要求孩子，而应该让孩子说下去，允许孩子把自己的观点表达出来。否则，孩子会以为妈妈是在看自己的笑话，自尊心深受挫折，并对妈妈产生反感。

　　（3）不要压制孩子的想法。孩子的思维不像大人那般成熟，有时候不免说错话，但是，妈妈不要因此就压制他们，更不能将自己的观点强加给孩子。即使孩子的话真的很幼稚，妈妈也要耐心听完他们的诉说，然后设法帮助他们调整思路。例如，妈妈可以说："宝贝，你的想法很对。不过你想想看，这件事短时间内能成功吗？其中的一步，我们能做好吗？"这样，孩子既能表达意见，又能感受到尊重。

　　（4）理解孩子的决定。当孩子进入小学、初中阶段以后，他们已经有了相对成熟的思维能力和辨析能力，对于自己该做什么，擅长做什么已经有了清晰的认识。因此，当孩子面临决定未来的选择时，妈妈应多听听孩子的想法，让他自己来决定。

　　（5）尊重孩子的选择。妈妈要学会尊重孩子的选择，让他自己决定自己的生活。这样，孩子会有很强的自我约束能力，从而会有一种成就感、自我价值感和责任感，这对孩子的一生来说都是很重要的。

（6）对孩子的选择只引导，不干预。当孩子无法做出选择时，妈妈可以帮助、引导他做出选择，但不要替他做出选择。这样，孩子就有了展现自己才能的空间和实践的机会，就会记住因某次选择不当而达不到理想效果的教训，以便下次遇到同类事情做出正确的选择。通过反复实践和体验，孩子的选择能力就会逐渐增强。

别打着关心的名义，侵犯孩子隐私权

随着孩子年龄的增长，他们的知识、情感都逐渐丰富起来，自我意识、自尊意识也在不断增强，原先无所顾忌敞开的心扉也会随之渐渐关闭起来。但是，很多妈妈却没有意识到，她们的孩子正在慢慢长大，需要有一方属于自己的小天地。

梦琪是一名初中一年级的女生，一天放学回家后，看到妈妈正在收拾自己的房间。她看到自己书桌的抽屉全部敞开着，自己的日记本、同学们送的生日礼物以及贺卡等全都堆在桌子上。

梦琪非常生气地问妈妈："您为什么翻我的抽屉，随便动我的东西？"

其实，妈妈倒也不是有意识地要查验女儿的东西，她只是觉得女儿有些小零碎放得太乱了，趁擦地板的工夫，替她归拢一下。现在听女儿这么说，妈妈就急了："怎么了？当妈妈的看看女儿的东西还有错吗？"

"可是您应该经过我的允许才能看啊！"梦琪很愤怒地回答妈妈。

"小孩子有什么允许不允许的，别忘了我是你妈，好了，快吃饭吧！"妈妈毫不在乎地对梦琪说。

第二天，梦琪用自己的零用钱买了把小锁，把所有的东西统统地锁在抽屉里。

如今的父母们，受现代文明的浸润，很少有翻看孩子的日记、偷听孩子打电话的事情发生，但是对孩子的"隐私空间"依然认识得不够清楚。

其实，孩子到了一定年龄后会强烈感觉到自己的独立性，想拥有自己的隐私，也渴望被尊重。妈妈应当充分地给予理解，这是孩子自我意识的觉醒，代表着他们已经长大了。

妈妈可以回忆一下，我们自己，不也是从那个年龄段过来的吗？那时的思想是："我属于我自己，你没必要知道我的一切；我正在发现我自己，我不需要你监视我，看我如何发现自我。"对于自己的日记或者一些信件卡片等，孩子会认为，"并不是那里面有不好的东西，但这是我个人的，只有我自己有资格看"。

孩子回避父母的东西，并不一定就是不好的，能使他们误入歧途的，而妈妈为了了解孩子偷看他的隐私，往往会得不偿失。事实证明，这种做法会伤害孩子的自尊心，造成孩子沉重的精神压力，甚至使孩子产生敌意和反抗。孩子会因为自己的隐私受到侵犯而采取更极端的措施将其保护起来，把自己的心扉紧紧锁闭，导致妈妈与孩子关系的恶化。这样，妈妈想了解孩子就变得更加困难了。

如果妈妈担心孩子不在自己的视线之内，就难以掌握他的成长信息，那么也不一定非贴身地盯住不放。我们可以选择在他们放学或晚饭后、一家人出外散步时的轻松时光，与孩子一起讨论理想、事业、道德、人生观、价值观等问题；可以通过讲故事、举例子等途径对孩子加以引导，引导孩子自己悟出为人处世的真理，提高孩子按规范要求调整自己行为的能力。有了这种自我教育能力，一些隐私中的危险倾向都有可能自我解决。

让孩子经历一些小意外，才是正确理性的爱

妈妈们常以各种"爱"的理由，使孩子失去了很多体验的经历和机会。她们因为怕孩子弄脏衣服而不让孩子参加户外活动和游戏，因为怕弄脏地板而从不让孩子做洗碗、择菜等日常家务，因为怕孩子跌倒、游戏的时候受伤或感染细菌而阻止孩子栽花种草、挖虫子、踩水洼，更有年轻的妈妈因为自己有洁癖而拒绝让孩子参加一切会使孩子变"脏"的活动。

有些妈妈则表示，她也希望孩子可以去游戏，去体验。但是，害怕孩子在不熟悉的环境中发生意外，自己应付不了。事实上，我们生活的各个角落都存在风险，如果孩子对于风险没有体验，或者对于风

险的存在没有认识，他如何才能离开父母，面对世界呢？

让孩子经历一些小的"意外"，更有利于培养孩子预知和处理风险的能力。让孩子体验风险，承担自己失误和对风险的不当预期而带来的麻烦和后果，对于孩子的成长是难能可贵的。妈妈可以代替孩子干这干那，但无法代替孩子成长。成长不是一步到位的，教育没有直线，生命是体验、感悟的过程。

露露要到山里去参加为期两天的野营。校方为他们介绍了营地情况，为他们的准备工作提出了建议。妈妈问露露是否需要帮忙，她骄傲地说我会照顾自己。在出发以前，妈妈检查了露露的行李，发现她没有准备好足够的衣服，因为山里要比平原冷得多，显然露露忽略了这一点。再有一点，妈妈发现露露没有带手电筒，这是野营时应该随身配备的东西，但是妈妈并没有说话。

露露高高兴兴地走了。过了两天，等她回来的时候，妈妈问她："怎么样，这次玩得很开心吗？"

露露回答："我的衣服带得太少了，而且由于我没有带手电筒，每天晚上都要向别人借手电筒才能够走出去，这两件事搞得我有些狼狈。"

妈妈追问："为什么衣服带少了呢？"

"我以为那里的天气会与这里的一样，所以只带了这里平常穿的衣服，没有想到山里会比这边冷，下次再去，我就知道该如何做了。"

"如果下次你再去三亚，也带同样的衣服吗？"

"不会的，三亚很热。"

"是的，你应该先了解一下当地的天气情况，再做决定，对吗？"

"是的。"

"那手电筒又是怎么一回事？你就没有想到带上它吗？"

"我想到要带手电筒，老师也告诉我们要带手电筒，可是我忙来忙去，却把手电筒忘掉了，我想我下次野营时应该先列一张单子，就像爸爸出差前列单子一样，这样就不会忘掉东西了。"

妈妈虽然知道露露带少了衣服，而且忘记了带手电筒，这样会影响她的这次野营，但她并没有说出来，更没有为孩子添上这些东西。她给了露露一个体验的机会。经过此次野营，露露学到了不少知识，增长了不少社会经验。

我们常说，孩子离开父母的那一天，就是孩子走向成熟的开始。但是，一方面，妈妈们毫不吝惜地将自己的羽翼充当着孩子的保护伞；另一方面，她们又常常抱怨孩子对自己过于依赖，责备孩子不懂事、不体谅大人、不能独立处事……可是妈妈们又给了孩子多少机会，让他们走出自己的保护伞去独立处世呢？

妈妈们应该反思和觉醒了，不要让你的感性代替你的理性，在孩子成长的过程中，我们一定要创造机会，让孩子尽可能多地体验不一样的生活，感受不同的经历，因为很多事情在没做之前的想法，与切实去做过后的结果会完全不同，关键是孩子在经历过程中的行为表现及处事应对，更是妈妈所不可设计和不能替代的，往往经历与体验的价值也就蕴藏在其中。

教育就是授人独立自尊之道，并开拓躬行实践之法。孩子不可能总躲在我们的翅膀底下，妈妈应该放手给孩子单飞的机会，哪怕他会摔跤，哪怕摔跤会给我们带来一些麻烦，这是成长路上必需经历和付出的代价。我们应该信任孩子，鼓励孩子，协助孩子而不是代替他完成目标。

第三章

父爱重建，再忙，
也要对孩子温润如初

孩子的教育像画圆，妈妈画一半，爸爸也要画一半，缺了爸爸那一半，妈妈即使再努力，也不能使其圆满。每一个孩子的成长，都离不开父母的双向陪伴，每一次父爱缺席，都可能给孩子造成终生无法弥补的遗憾。好好做爸爸，别再让孩子追问"我爸去哪了"。

警惕！当你家萌娃发出"孤独抗议"

天天两岁多的时候，有一天，爸爸正在整理工作资料，他在沙发上摆弄自己的玩具。屋子里静静的，只有小家伙偶尔发出一点声响。突然，小家伙跑了过来，摇着爸爸的胳膊说："爸爸，我好孤独啊，你陪我玩会儿吧。"

孩子正是咿呀学语的时候，小嘴里时不时冒出一些大人话，一开始，爸爸妈妈还都挺惊奇，继而觉得充满童趣，很明显，孩子是见样学样，不是从爸爸妈妈身上学来的，就是从电视里学来的。久而久之，也就习以为常了。而这次，孩子的话却让爸爸的心猛然一颤：一个两岁多的孩子，他哪里理解得了什么是孤独，却已经在感受着孤独了。

天天会走以后，爸爸最初是常带他到户外玩耍的。附近的人民公园，是天天的乐园，对他来说什么都好玩：蓝天白云，花鸟鱼虫，还有和他一样蹒跚学步的小伙伴。孩子在公园里，就像鱼儿在水中畅游一样，那么生动，那么活泼，那么快乐。入冬以后，天气寒冷，时常有风，天天爸妈只好将孩子圈养在屋里。爸爸也似乎总有做不完的事情，又想看看书、写写字，只好让他独自玩耍。

听了天天的话，爸爸开始责备自己，没有用心爱护他，因为自己和妻子工作都忙，要么把天天交给电视和玩具，要么给他一支笔，任他在写字板上乱涂鸦。久而久之，两岁多的孩子对动画片产生了依赖，动画片一直播放着，他却未必会看，只是需要那种声音，那种氛围，这不就是孤独吗！就像成年人一样，如果孤寂空虚，也喜欢拿着遥控器乱按，不是寻找什么喜爱的剧集，只是想弄出点声响陪自己。

天天爸爸收起思绪，收起那些妄以为重要的事情。为人父母，没什么比让孩子快乐成长更重要。在孩子无法独自寻找玩伴之前，父母就是他最忠实的玩伴。

对于孩子，往往我们只关注了他们物质上的需求，事实上，对于孩子而言，最大的关爱不是物质的满足，而是心灵的陪伴。

现代社会的节奏逐渐加快，一些父母忙于事业而无暇照顾孩子，有时候一周也抽不出一天的时间来陪伴孩子。这对孩子的心理成长是很不利的。

孤独的时候，谁都想有个人陪伴，尤其是孩子。孩子所希望的，也许仅仅是爸爸妈妈能多陪自己一会儿，给自己讲个童话故事，就这么简单。经常疏于陪伴孩子，无论我们的爱有多深，孩子都难以被打动，因为他已经习惯了独自玩耍，所以不管你有多忙，坚持多陪陪孩子，不要让孩子在孤独的世界里一个人行走。

在孩子的心里，爸爸妈妈的身边才是最安全的港湾，而带给孩子伤害最深的，不是生活环境的窘迫，也不是疾病造成的痛苦，而是来自父母的疏远感。这是一种永久性的心灵伤害，当我们意识到这个问题的严重性时，再想去弥补与孩子的情感隔阂，往往漫长而艰辛。

倘若孩子在幼年时期无法得到父母应有的陪伴，就会在孤独的世界里悲伤地成长，这样的孩子内心是非常孤独和脆弱的，一旦生活骤变，肯定要出问题。

　　波兰著名电影导演基耶斯洛夫斯基回顾自己的童年时说："人的一生很大程度上取决于童年吃早饭时拍你手的那个人，即你的父亲、你的祖母或你的曾祖父。还有你的家庭背景，这一点很重要。4岁时，因你吃早饭时淘气而打你的那个人，后来会把第一本书放在你的床头柜上，或者在圣诞节时送给你，而这些书塑造了我们，它们教给我一些东西，使我对一些事情有些敏感。我所读的书，特别是童年读的，塑造了今天的我。"

　　显然，童年经历对于一个人的发展具有不可估量的作用。

　　想想现在忙碌的爸爸们，一天有多少时间给了孩子？试问一些问题："今天你和孩子聊天了吗？你今天陪孩子读书了吗？晚上陪孩子吃晚饭了吗？和孩子一起解决学习问题了吗？你关注孩子的学习和生活了吗？你观察到你的孩子今天是快乐呢还是郁闷呢？你的孩子喜欢和你无话不谈吗？你有多长时间没有拥抱和鼓励您的孩子了呢？"这些问题，想必很多爸爸都无法回答也没有做到吧。

　　看看我们都在做什么？"爸爸加班，儿子你自己打篮球吧。""今天爸爸妈妈要参加一个聚会，儿子你去吃麦当劳吧。""儿子，今天你去爷爷家吧，爸爸妈妈要去出差了。"

　　每天，作为父母的我们总是疲于奔命，忙于工作，忙于应酬，忙于自己的娱乐，而每次的借口好像为了孩子，为了孩子物质生活更加充裕。长久以来，父母一直自我安慰：一切都是为了孩子才去这么拼命，等挣足了钱再来陪孩子吧。父母的确很辛苦，但是孩子不会等到我们有钱了才长大。我们要挤出时间来陪孩子，不要等孩子出现了问题，才回忆起有好长时间没有陪孩子吃饭了，好长时间没有和孩子下盘棋了，好长时间没有和孩子聊聊天了。为了陪孩子，我们要尽可能取消一些应酬，多抽时间陪陪孩子。

有些东西失去了就不会再回来了。孩子不是产品，不合格再重新生产回炉；孩子不是雕塑品，随随便便地由我们家长把不喜欢的部分剔除掉。孩子的好习惯是日积月累的结果。和孩子在一起，是父母的责任，更是幸福！现代父母，尤其是爸爸们，请尽量多抽出一些时间来陪陪孩子吧！你会发现原来你的孩子潜力无穷，你会明白孩子多么需要你，你会懂得没有什么比得上一家人热热闹闹地吃一顿晚饭更温馨的了，你会顿悟什么叫生活在每一个不同的明天而不是重复昨天。

客观地说，现在的父母确实辛苦，养孩子对我们来说简直成了一件奢侈的事，怕孩子输在起跑线上，甚至要倾注两代人的心血和金钱。因此，只有不停地努力，希望孩子能够接受更好的教育。而我们却忘记了，对孩子最好的教养就是爱和陪伴。

"丧偶式育儿"，真正受苦的是孩子！

在我们的家庭中，父亲们往往对于孩子的教养关注较少，这一方面是由于妈妈的干涉——她们认为，对于孩子的教养，父亲发挥不了多大的作用；另一方面，父亲们自己也有困惑，他们不知道自己可以为孩子提供什么。

就孩子本身来说，他们渴望爸爸的疼爱，是因为从爸爸那里可以得到安全感。孩子在遇到困难和挫折时，如果能得到爸爸的爱护和关心，定会感到莫大的安慰。母爱可以使人变得温柔，而父爱则使人变得刚强、坚毅。好爸爸的角色是任何人都无法替代的。

母爱与父爱对儿童的智力影响是有差异的。孩子从妈妈那里可以更多地接受语言、日常生活知识、物品用途、玩具的一般操作方法等方面的知识。而爸爸会给予孩子更丰富、更广博的知识。父亲通过与孩子共同操作、探索多种形式的活动、游戏，可以培养孩子的动手操作能力、创新意识，促进孩子求知欲、好奇心的发展。一项追踪研究发现，凡与爸爸在一起交流机会多的儿童，其智力水平更高。由此可见，"亲情关系向母性群体倾斜"，是一种不利于儿童健康发展的现象，应该引起我们的警惕。

一位在事业和婚姻上都屡屡遭遇不幸的女性这样回忆自己的父亲：

在我很小的时候，爸爸妈妈就离婚了，我是由妈妈抚养长大的。因为没有爸爸，我虽然学习成绩很优异，但内心深处却十分自卑——我总是不由自主地告诉自己，我是一个没有父亲的孩子，是一个被父亲抛弃的孩子。渐渐地，我开始逃避周围的一切，变得不能用理性的态度面对一切……我非常恨我的父亲！

一位女性成功者则这样描述自己的父亲：

我之所以能有今天的成绩，我认为与我的父亲有直接的关系。

我和爸爸的关系一直很好。小时候，爸爸常会想出一些好的能够消磨时光的事情，如集邮、集币之类的事情，叫我跟他一起忙。一方面，是为了培养我的兴趣；另一方面，更是创造我们父女可以在一起的机会。我们一起玩、一起学习、一起参加各种社交活动……

爸爸无微不至的父爱让我一直生活在自信和快乐的环境中。从爸爸那里，我学到了太多东西，而这些东西，都是我成长和成功不可或缺的。我非常感激我的父亲，是他开阔了我的世界，教给我闯世界的本领。

从两位女性不同的成长经历和境遇中，我们完全可以看出这样一个问题，那就是：爸爸是否合格，直接影响着孩子的人生。

在孩子，尤其是女孩的生命里，父亲是第一个男性，孩子对于男性的认知和理解都来自父亲这个"范例"，而且很长时间内，父亲这个范例是最具有权威、最可信赖的。

孩子最早的镜子就是自己的爸爸，如果爸爸对孩子的着装、举止等有关性别色彩的方面，毫不注意或者有所压制，孩子就会在性别气质的建立方面落后于人；如果爸爸经常适时地发表自己的意见，孩子就更容易认同和重视自己的性别角色，更容易形成自己的性别魅力。

孩子更在乎爸爸的评价，更渴望来自爸爸的关注和赞美。在家庭中，若能得到爸爸的关注、认可，孩子更容易开朗和自信；相反，如果孩子感受不到爸爸的关注和认可，孩子就会感到自己被冷落、不重要、不可爱，从而变得自卑和孤僻。

爸爸是否具有责任感，是否爱家，是否果敢、镇定，是否智慧、博学，都会影响着孩子。生活中的父亲形象，会让阅历缺乏、自主判断尚未形成的孩子产生男人都是这样的人，或者男人应该成为这样的人的想法，这将直接影响到孩子的性别认知。

根据相关研究表明，爸爸还是女儿将来择偶的重要参照，如果爸爸给女儿的印象是正面的、温暖的，女儿就会寻找和爸爸近似的男性为偶；如果爸爸给女儿的印象是负面的、冷漠的，女儿要么会对异性失望、对婚姻生活冷淡，要么就会轻信别人，只要男性对她好一点，她就很容易喜欢上他。

尽管随着女儿的长大，会有爸爸之外的男性形象影响着她，但是爸爸的影响却是对女儿最初的和最基本的影响。

遗憾的是，有很多父亲在孩子的成长之旅中是缺席的或者不充分的。他们常说自己太忙，而事实上，"忙"是相对的。最根本的原因还在于他们对父亲角色作用缺乏认知和重视。其实，即便真的很忙，不能和孩子成为玩伴，但只要能更多地陪伴和关注孩子，也是可以的。

母爱再伟大，也弥补不了父爱缺失的落差

在我国，"丧偶式教育"是现实，更是我国绝大部分家庭中存在的重大教育问题。不信吗？我们一起来看看下列调查数据。

中国青少年研究中心曾发表一篇名为"当代中国少年儿童发展状况"的调查，调查结果显示，在我国仅有 10% 左右的少年儿童在情绪不佳或遇到问题时，爸爸会及时给予他们理解与安慰；仅有 7% 左右的少年儿童，能够充分享受爸爸的空闲时光；仅有 16% 左右的少年儿童，觉得爸爸尊重自己；仅有 9% 左右的少年儿童，愿意把内心的秘密说给爸爸听。

这就是现实！在我国，在孩子的成长过程中，绝大多数爸爸把教养责任直接推给了妈妈。其中，很多爸爸是真的没有意识到问题的严重性，还有很多爸爸明知道其中的利害关系，但因为"懒"，因为"怕麻烦"，还是选择性地推卸了责任。

　　于是我们看到，当妈妈抱怨爸爸不管孩子时，他们还能理直气壮地说："我忙啊，放下砖头，我就没钱养娃；搬起砖头，我就没时间带娃！"或是"孩子有妈妈陪就够了，母爱是最伟大的，孩子最喜欢和妈妈在一起。"

　　然而，母爱足够伟大，妈妈全职陪伴孩子，就足够了吗？显然不是。事实上，基于母爱教育，孩子如果能有父亲的陪伴和教育，他才会成长得更优秀，将来也更容易获得成功。

　　正如著名人本主义哲学家和精神分析心理学家埃里希·弗洛姆在其著作《爱的艺术》中所说的那样，"妈妈代表大自然、大地与海洋，是我们的故乡；爸爸则代表思想的世界：法律、秩序和纪律。"孩子有了爸爸的陪伴，才更自信、更勇敢、更有主见，父亲能够给予孩子的力量和勇气，妈妈真的心有余而力不足；在整体思维更理智的爸爸的陪伴下，孩子的自控能力会更强，也会更懂得如何保护自己；在高大威武的爸爸的陪伴下，孩子才会拥有足够的安全感，才能远离自卑心理，才不会经常性地自我怀疑。对孩子而言，父亲就是他们童年时期最坚实的靠山，是他们独一无二的主心骨。

　　美国哈佛大学一项专业研究数据表明，由男性带大的孩子，他们的智商、情商往往会更高，在学校里的成绩和人际关系往往也更好，当他们走向社会以后，成功的概率也更大。相反，那些从小缺失父爱，没有父亲陪伴的孩子，他们内心因为缺乏安全感而变得易敏感，他们容易情绪化，也容易对自己产生怀疑。

　　俊博已经 17 岁了，正常来说，这个年龄的孩子应该朝气蓬勃、大方活泼，可俊博恰恰相反，他不善言辞，扭扭捏捏，人前极易害羞。

　　俊博每次在小区里见到熟人长辈都不打招呼，倘若有人主动和他说话，他也只是僵硬地一笑，然后便逃也似的走开了。

在学校，俊博很少和同学一起玩耍，你更看不见他在篮球场、足球场驰骋的身影，他喜欢托着两腮静坐，文静、腼腆得就像一个小姑娘。

俊博这样一个青春期男孩，不淘气不叛逆，违反性别特征的现象，与他的爸爸有很大关系。俊博爸爸因为工作关系，常年驻外，一年最多回国两次，所以基本上俊博是由妈妈一手带大的。俊博妈妈性格温柔，甚至有些逆来顺受，受妈妈的影响，所以俊博从小胆子小、不自信、易害羞、文静阴柔，受了欺负也不言语，缺少男子汉应有的阳刚、勇敢之气，这是典型的性别错位。

一次在商场里，因为人多，俊博穿过人群时不小心碰了一下身前的妇女，结果那女人揪着俊博大骂，说他小小年纪就耍流氓。而俊博羞得满脸通红，又急又委屈，眼泪马上哗啦啦地往下流，却完全不知道如何解释。

看到这里，列位爸爸你还敢缺席对孩子的教养吗？孩子一旦缺少了父亲的陪伴，心理健康和性格发展都将受到限制，在孩子的教养上你做"甩手掌柜"，孩子的人生极易崩毁。

其实中国的爸爸也不容易，他们也是想先把事业搞好，然后才有能力给孩子一个好未来。殊不知，不陪伴孩子，我们赚再多钱也没用。

孩子的童年，只有那么几年，如果爸爸连这几年都舍不得陪他，都不肯挤出时间尽心教导他，那么等他慢慢长大，缺陷形成，你便真的无能为力了。

正如龙应台所说："父母也是有'有效期'的，在孩子最依赖的十年里用心教养，提供依靠，一旦孩子进入青春期，父母再怎么努力，也无法提供实质性的影响。"

如果单亲必不可免，不要给孩子留下心灵阴影

薇薇现在活得很焦虑，经常性地失眠、做噩梦，从不敢午休，生怕夜里睡不着觉，总是睁着眼睛看着空荡荡的屋子。那样，她会觉得自己特别孤独，特别虚无。

朋友问她："到底为什么感到焦虑？"

她说："我的内心总是空荡荡的，又特别敏感，严重缺乏安全感。我看不到自己的未来有什么希望，我对爱情既渴望又迷茫，对异性的关怀有心接受却又不由自主地刻意躲避。"

她内心深处的焦虑，也许要从不愉快的童年经历说起。

她很小的时候父母就离婚了，父亲不久又组建了新的家庭，她从小跟着母亲一起生活。母亲总是在她耳边不停地抱怨，生活是多么不公，男人是多么不可靠。

自幼她的心灵就一直处于不安之中。她这样总结自己的童年："没有什么值得我去记忆，没有什么值得我去留恋。"这种不安感犹如一颗不定时炸弹，说不准什么时候就情绪失控，弄得别人非常尴尬又莫名其妙。这些年来，她虽然结识了不少朋友，但能一直走下去的屈指可数。

童年的家庭境况在她心里留下了很大的一块阴影，有朋友说她的

性格敏感忧郁，又有强烈渴望溺爱的成分，这也许与小时候缺乏关爱有关。

对于一个孩子来说，父母任何一方的爱都不可缺失，任何人的悉心照顾都比不上父母对自己的爱和陪伴。

健全家庭对孩子的身心发展具有非常好的作用，父母对孩子的差异化教育，是一种天然的和谐，是相互取长补短的巧妙配合。对孩子来说，父母的作用是不完全相同的。母爱是孩子心理发展的基础，缺少母爱的孩子往往在心理上没有稳定感，在情绪和人格上会出现某种程度的障碍，这类孩子多孤僻、冷漠、粗暴等。如果父亲的角色缺失，母爱便会向溺爱型发展，并失去家庭的稳定和减弱家庭的教育职能。很多人的不幸，就在于从小缺乏这种天然和谐的正常教育。

家庭的破裂，对孩子来说，简直是"天降横祸"，他们没有必要的心理准备，因而所遭受的打击其实比父母更大，而且，相较于大人，孩子更敏感也更脆弱，他们还不具备自我调节的能力，一时间根本无法面对家庭破裂的残酷现实，因而会感到不知所措、郁郁不乐。

另外，孩子也会比较。他们会拿自己的现在与过去相比较，觉得自己现在所受到的关注与宠爱大不如前；会拿自己与完整家庭的孩子相比较，感觉自己在别人家孩子面前抬不起头，因而越发自卑和畏缩，自信丧失，不愿努力也无力进取。

破损家庭的孩子，极易因为爱的缺失而产生抑郁，他们不愿与人过多接触，对身边的人也往往怀有戒心。他们神经敏感，总是在怀疑别人是不是在背后议论自己的家庭，认为别人都戴着有色眼镜看自己，因而不愿向别人敞开心扉，变得越来越孤独，越来越自闭。

因此，不管大人之间有怎样的情感纠葛，孩子是无辜的，我们没有理由让他们感到不幸。如果两个人真的无法相处下去，也要妥善处理孩子的问题，使孩子不论在灿烂的阳光下，还是在疾风暴雨里，都能健康成长。

事实上，父母离婚对孩子伤害最大的不是离婚本身，而是离婚后父母对待孩子的教养态度。

几年前，张先生因为感情不和离婚了，孩子跟着母亲过。虽然妈妈对孩子宠爱有加，可以说在生活上、学习上从不缺少什么。但是，孩子却一直郁郁寡欢，越来越孤僻。据说，她在学校很少与其他小朋友一起玩耍，学习成绩也直线下降，张先生急在心里，却也无可奈何。

虽然张先生也非常爱孩子，但是由于以前日积月累的矛盾纠葛，离婚后彼此仍不能释怀，以至于离婚后张先生一直没有机会见到孩子。那天女儿生日，张先生精心准备了礼物去为孩子庆祝，可孩子却拒绝见爸爸。一个9岁大的孩子为何拒绝见自己的亲生父亲呢？

从张先生伤感的叙述中，我们多少了解了一些事情的原委。原来，由于前妻对前夫积怨较深，所以在平时对孩子的教育中，会有意无意地流露出对前夫的怨恨。单纯的孩子受了母亲的影响，在她幼小的心灵中竟也埋下了痛恨的种子。她认为是父亲抛弃了她和母亲，是父亲不要她了，不爱她了。以至于当爸爸带着礼物来为她庆祝生日时，她倔强地不肯与父亲相见。

离婚后，无论孩子归属于谁，他的生活环境都会出现一定的变化，若想不造成负面影响，那不现实。但是，我们应该竭尽所能将对孩子的伤害降到最低，这就需要父母及时调整思想认识，及时调整心理情绪，引导孩子对家庭变化有一个正确的认知。而不是刚从一个失败中走出来，又亲手制造第二个失败。

如果离婚是一场情感战争的休止，那么孩子无疑是止战之殇。家破碎了，父母"单飞"了，但爱不能单行。孩子无论跟谁一起生活，在与孩子相处的日子里，都请为孩子撑起一片天，让生活无限接近从前，画圆孩子心中完整的家。

好好做爸爸，就是放下你的"臭架子"

很多爸爸常困惑地问："为什么孩子有话不愿意对我说？"其实原因就是爸爸们总是爱摆出一副高高在上的样子，因而孩子们尊敬他们，但却无法理解他们，总觉得跟爸爸缺少"共同语言"。如果爸爸期望孩子能够接受自己、接近自己，那么就必须要放下高姿态，在家庭中建立起民主、平等的良好气氛。

在美国，父母们认为，大人必须平等地对待孩子，和孩子成为好朋友，才能成为称职的家长，才能教育好孩子。我们可以看一下，一位英国爸爸是怎样教育他的孩子的。

维斯布鲁克是一位自由职业者，他在教育孩子方面下了很多功夫。他说自己一直在努力为孩子提供一种民主的家庭气氛，他和孩子的关系就像朋友一样友好亲密。

对孩子的平等姿态是良好沟通的开始，他将孩子描述理想的作文保留下来，将孩子们的学习成绩、身高等按逐年变化绘制成曲线图，从小就教他们唱歌、游泳、划船、钓鱼，带他们到博物馆参观、看展览、看歌剧，有空还带他们到大自然中去呼吸新鲜空气……

在各种活动中，他不会因为自己是家长就不容置疑，摆出什么都对、什么都懂的样子，而是尽量去做能给予孩子知识和欢乐的最知心、最亲密、最可信赖的朋友。遇到搬家、换工作、买车之类的事情时，他就会召开家庭会议，与妈妈一起和孩子商量该怎么做；还组织家庭音乐会，并将每个人唱的录制在磁带中。由于家庭气氛民主和谐，孩子们生活得无忧无虑。

这样，他的孩子有事就会跟爸爸妈妈讲，从不在心里放着，出门说"再见"，进门先打招呼，做饭当帮手，饭后洗碗擦桌扫地；平时买菜、洗菜，给父母盛饭、端汤、拿报纸、捶背；有时父母批评过了头，他们也不会当面顶撞，而是过后再解释。他常对孩子讲："我们是父子，也是朋友，我和妈妈有义务培养教育你们，也应该得到你们的帮助，你们长大了，会发现我们有很多的不足之处，发现我们很多地方不如你们，这是正常的。因此，我们要像朋友一样互相谅解，互相帮助。"

在这个英国家庭中，不管是家长还是孩子，都是平等的，孩子提出的看法爸爸妈妈都认真考虑，有道理的就接受；而爸爸妈妈的想法也都和孩子讲，大家共同商讨。这样，就会让孩子觉得自己在家里有地位，受重视，所以也就对家庭更加关心。

如果中国的父母也都能这样与孩子相处，也许就不会有那么多家庭问题了。家长与孩子之间不应是统治与被统治的关系，而应像朋友一样平等、自由。当然，这并不意味着家长要完全迁就孩子，好爸爸还是要负起引导的责任。

孩子被噩梦纠缠，爸爸要做他的"奥特曼"

孩子什么时候开始拥有自己的梦境呢？这个问题，直到现在科学界还没有确切的答案。但可以肯定的是，做梦对于孩子的智力发展是非常重要的。小孩对于白天发生在他身边的事情会产生强烈的情感，并将它储存在脑海里，做梦就能帮助他领会这些情感。孩子所回忆的景象通常是他对白天生活中美好时光的反映。比如，孩子白天在游乐场和爸爸一起玩碰碰车后，兴奋的情绪会保留下来，晚上他自然便会梦见这些情景。换言之，梦除了能帮助孩子缓解情绪之外，对孩子的智力发展和个性培养也有很大的作用。

观察发现，孩子在两岁多的时候，就已经会用语言来表达梦中所见到的景象，父母正是通过孩子的讲述，才知道孩子在晚上会梦见如此多的事物。更重要的是，正是在孩子"讲梦"的时候，父母才发现孩子语言能力的惊人进步。不少孩子甚至可以完全没有障碍地讲述对梦的回忆，而且在白天的交流当中，他也变得更加"善解人意"了。

科学研究还表明：梦是一种学习的工具，孩子可以在梦里找到解决问题的方法，梦可以帮助孩子获得进步。

下面是一些真实的事例。

三岁半的峰峰就是在一次梦里狂蹬小腿后的第二天，给了家人一个惊喜——他可以摇摇晃晃地骑小三轮车了。

对此，有关专家是这样解释的：当他梦到自己骑着三轮车玩耍的时候，他其实正在潜意识中学习骑三轮车。正是在梦里的学习过程中，他的智力得到了培养。

好梦之所以重要，除了具有上述的学习功能以外，还能给孩子带来"好心情"。

小谦爸爸对梦给孩子带来的快乐深有感触，他说：儿子3岁时，有一次在梦里大笑起来，我推醒他，他高兴地对我说："我在玩姐姐的小汽车。好玩儿极了！"通常我们禁止他玩表姐的汽车，但他在梦里找到了解决的办法。梦中，没有人再能阻止他，也没有人再训斥他。当小谦向爸爸讲述这个梦的时候，爸爸开始时觉得非常可笑。其实，正是这个梦帮助小谦调节了被压抑的心理，纠正了消极的情感。

这方面的另一个例子来自两岁半的露露。露露曾梦见她把爸爸抱在怀里安慰爸爸。原来，白天她忽然向马路中间冲过去，试图横穿马路时，她的爸爸被吓坏了。她为此感到内疚。因此，她便在梦中去安慰爸爸。

儿童心理学家指出：内疚感是儿童生活中不可避免出现的一部分心理活动，梦起到了缓解和补偿的作用。正因为梦是一种心理缓和剂，对孩子的心理健康非常重要。因此，想要成为一个好爸爸，你就要好好利用、开发孩子的梦。

不过，孩子做的梦，有好梦，也有噩梦，爸爸也要学会倾听孩子的噩梦，让孩子走出噩梦的阴影。

噩梦似乎与小孩一直密不可分，根据研究，3～6岁儿童中，有70％遭受噩梦的困扰。爸爸们应该都遇到过这样的情况：当你晚上在看电视时，突然一声尖叫从孩子房中传出，你赶紧飞奔进房叫醒你的宝贝，当他醒来时，会哭着跟你说："爸爸，我做了一个好可怕的梦！"你手足无措，只能安慰安慰他。

噩梦通常都与心理压力有关，也许在白天他们有课业压力或什么做不完的事，爸爸们需要帮助孩子减轻压力。

心理学家指出：父母不要忽视小孩的噩梦，因为长期做噩梦一定会影响小孩的生理及心理健康。大部分小孩做噩梦都只影响当晚的睡眠，如果超过五六岁的儿童每天重复做相同的噩梦，或者任何儿童做噩梦持续一到两个月，甚至在白天也有莫名的恐惧，则需特别注意。这些莫名的恐惧可能会导致小孩不愿离开你、排斥一个人在房间、不愿去学校或者有其他恐惧情绪等。这种恐惧可能是相当严重的。父母甚至无法想象噩梦对孩子的影响有多大。

在这种情况下，爸爸们就要特别注意了，如果你一直无法分析，也不能解决他的压力，那么你需要找医生或专家来帮你解决。

那么一般情况下，当孩子做噩梦时，爸爸要如何帮助他们呢？

下面推荐一种很有效的方法，我们把它叫作"倾听法"。

爸爸们很有必要倾听孩子对噩梦的讲述，这可以帮助我们了解孩子的情绪，以便对此做出反应。例如，如果孩子在入睡后一直烦躁不安，不要简单地认为他是缺钙或者是疲倦、口渴，原因可能远比这复杂得多。因此，可以用这样的办法：试着在他梦呓时叫醒他，听听他是怎么说的，你会发现影响他情绪的重要线索。如果他的语言表达有欠缺，你可以让他用绘画的方式表达，这是一种理想的表达方法，可以弥补语言表达的不足，可以帮助孩子将心灵里的魔鬼驱赶出来。

在分析图画时，爸爸不妨充当一下心理学家。如果是美梦，这表明孩子开启了幼稚的心灵之窗，你只需尽量让他把这种情绪维持下去，让美梦伴随孩子成长。如果是噩梦持续不断，你不妨尝试将孩子从虚幻中拉到现实，向他证实"根本不存在会吃小孩的大灰狼"等。

对此，儿童心理学家还有更有趣的建议，那就是借助一些游戏帮助孩子摆脱噩梦困扰。下面就是很好的例子。

袁晓超最近经常做噩梦，于是晓超爸爸决定和晓超一起赶走噩梦。晓超爸爸走进儿子的房间，连喊三声："噩梦！噩梦！离开房间！"

不要小看这种做法，孩子信任父母，他们相信父母有力量解决一切难题。这是一种有效的游戏方法，不信你可以试试。

比利时著名的儿科专家还想出另一奇招。

他们编织了一张网，取名为"捕捉噩梦神网"。当然，这只是一张象征性的网。网的制作非常简单：取一块钉着长钉的木板，长钉之间用铁丝网相连。然后把它放在窗前，告诉孩子，噩梦从此再也进不了房间。

美国一位医生提出了以下两个步骤来"化解"小儿噩梦。

第一步：让孩子安心，当他醒来，抱抱他，安慰他，当他娓娓道来时，以一种幽默、美化、浪漫的方式化解噩梦的魔咒。

第二步：让小孩画一个具有魔法力量的东西，如魔杖或超人，并且安慰小孩说，这个东西会保护他，可以安定他的心。但是，切忌用有暴力色彩的解决方式，如不能告诉他将梦中的坏蛋杀死，因为这可能会导致他白天行为的偏差。

当然，最重要的是爸爸们要有足够的爱心与耐心，去化解孩子对噩梦的恐惧。

工作忙的爸爸，想陪孩子一样有办法

天罡小的时候他爸爸就很忙，不是忙着工作就是忙着应酬，每天都忙到深夜才回家，他只有早晨起床的时候才能看到爸爸匆忙出门的样子，"父爱如山"这个词在他的童年里从不曾体会到。

天罡的妈妈心很细，孩子的衣食住行都由她一手包办，从来不让天罡插手。

就这样，天罡从小养成了衣来伸手、饭来张口的习惯，他有什么要求，妈妈往往也是有求必应。

但小孩子，你越宠他、越惯他，他就越习以为常、理所当然、变本加厉，天罡就被妈妈养成了这样，稍不如意，就发脾气，有时甚至对妈妈恶语相加。

而天罡的爸爸一直都是那样忙，在家的时间本就不多，而且对孩子的教育更是彻底放手，完全不管。

天罡妈妈抱怨孩子不听话，爸爸总是说，"还不是你没有教育好，这能怪谁呢？"

后来天罡到了青春叛逆期，非常让人头疼，基本不学习，抽烟打游戏，喝酒打群架，高中没读完就被学校劝退了。

天罡妈妈悲伤地说，现在她和孩子爸爸想管孩子，却不知道从何下手了。

最失败的家庭教育，就是有一个包办一切的妈，和一个啥都不管的爸。

妈妈对孩子大包大揽，这样做最直接的负面结果就是，孩子从小失去自主能力，什么都不想管，什么都不会干，也不认为自己应该管，应该去干。

而甩手的爸爸，对孩子来说，更是一种悲哀，也是一个家庭深深的遗憾。

父爱教育的重要性大概不需要再给大家强调了吧，但这里还要着重补充一点——耶鲁大学一项研究表明：由爸爸带大的孩子，他的智商往往更出色，更自信，也更优秀，这样的孩子走向社会以后，获得成功的概率更高。

事实上，在家庭教育中，爸爸和妈妈各有各的重要角色，缺一不可。孩子的每一步成长，每一次进步，都需要父母双方通力合作、配合引导，才能更有效地完成。

读到这里，可能有些爸爸会说，我也想陪伴、教育孩子，毕竟那是作为父亲的一种幸福和快乐，可是当前打工人的生活、工作状态你也知道，真的很忙，今天工作不努力，明天就要努力找工作，我也是没办法啊！

事实上，"忙"只是一种借口，其实只要你想，工作再忙，也能给孩子良好的陪伴。

那么，话说回来，工作忙的爸爸，怎样才能有效地陪伴孩子呢？

（1）早晨急匆匆地出门之前，可以跟孩子说几句，和他约定，要一起努力，一起加油哦。这对孩子来说是一种不错的关心和鼓励，也会让孩子知道，爸爸虽然很忙，但一直爱着他，关注着他，默默支持着他。

（2）下班回家的时候，如果孩子还没睡，不妨问问今天他在学校都发生了什么事情，如果孩子遇到难题，尽量帮他解决一下，让孩子感觉到，他的日常有你的关心和参与。

（3）安排固定的家庭时间。杨澜曾经说过："不管工作有多忙，每个星期，我们一家人至少要在一起吃一顿比较正式的晚餐。"美国前总统奥巴马也曾表示，即便是在最忙碌的日子里，也会与孩子一起共进晚餐，并认为这是"神圣不可侵犯"的家庭时间。

事实上很多成功人士都是如此，他们非常重视亲子陪伴，所以即使工作再忙，也会预留一些家庭时间。当然，这个时间需要视自身情况而定，也不是说一定要每天陪伴，但一定要有这样一个时间，不要给将来留下遗憾。

（4）如果你能陪伴孩子的时间有限，那么一定要提升陪伴的质量。比如，和孩子在一起的时候，如果没有特殊原因，请务必放下工作和手机，一心一意地陪伴你的孩子，了解他的学习生活，了解他的成长收获，了解他的情绪烦恼，并知道应该怎样给予孩子正确的帮助。

（5）注重对孩子的精神陪伴。要向孩子解释清楚，爸爸之所以不能经常陪伴，是因为要为这个家庭的未来打拼，同时也要让孩子知道，爸爸虽然不能经常陪伴，但对你的爱没有丝毫消减，你有需要的时候，爸爸一定会坚定不移地站在你身边。

被嫌弃的爸爸，可以用礼物讨孩子欢心

礼物对于孩子来说，具有非常的意义。孩子都渴望得到父母的疼爱，如果你是一位被孩子疏远的父亲，这时候，送他一个小礼物，就会让孩子重新获得心灵的温暖和支持。孩子要先拥有爱，然后才谈得上开发他们的潜能。

因为爸爸妈妈工作忙，小雪雯是由外公外婆带大的。上小学三年级后，父母把她接回身边，但很快发现，小雪雯并不快乐，每天写完作业，就坐在窗口前发呆，心里不知想些什么。又过了一阵子，小雪雯吞吞吐吐地告诉父母，不想在这儿上学了，还想回到外婆家去。

通过仔细的询问，爸爸妈妈发现小雪雯不喜欢新学校是因为和老师同学都不熟悉，课余时间，同学们在一起谈论到哪里去玩、吃什么新奇的东西等话题，小雪雯也插不上嘴。渐渐地，就由于与环境格格不入而产生了厌学情绪，干什么也提不起精神来。爸爸觉得在这种情况下，调动好女儿的情绪，培养出女儿的信心是最为重要的。

星期天，小雪雯一家三口穿戴整齐，手拉手去逛植物园。回来的路上，爸爸带小雪雯来到路边的礼品店里，要提前给她准备下星期的生日礼物。父女俩仔细商量了之后，挑选了几种启发智能的新潮玩具。其中，有一款是悬浮陀螺，是利用磁体同极相斥原理和陀螺定轴性理论研制而成的具有反重力科技玩具，可以考验操作者的平衡协调性，提高分析能力和想象力。通过精心演练，陀螺会悬空飞浮，景观奇特，令人产生无穷的乐趣和遐想。

小雪雯高兴极了，脸上露出了久违的笑容。以后家里来了客人，小雪雯的悬浮游戏就成了保留节目，看到大家惊讶的表情，她总是热心地指点他们亲自体验一次。小雪雯一直过于内向的性格，慢慢地也改变了很多。

父母是孩子最好的老师，在这种一对一的环境中，我们完全可以通过一些合适的小道具，把孩子引入新的情境之中，从而改变他们目前不太让人满意的状况。从改善性格、发掘潜能的意义上讲，连送给孩子的礼物，也应该是要用心挑选的。

礼物"多"和"贵"对于孩子是没有意义的，我们关心的重点，应该是能不能给孩子一种比较深刻的印象，他能不能从中受益？

现在的物质极大地丰富，孩子几乎要什么有什么，这就使他们对"给予"缺了点敏感，而且孩子们很多时候对一样东西只图个新鲜，时间久了，便会喜欢上另一样东西。爸爸如何让孩子记住这份礼物？"特别"就显得很重要。"特别"不仅指礼物本身，也可以指送的方式，如选一个特殊的日子送给他，或者事先询问孩子最想要的礼物，把送礼当成一件"正事"来办，这都能够提升孩子对于礼物的兴趣，让礼物的实际功能和潜在意义都充分发挥出来。

玩具不仅有玩耍功能，还具有对孩子存在的心理问题进行矫治的功能。爸爸们可以根据孩子不同的心理问题选择玩具。比如，我们可以为缺乏耐性、注意力不易集中的孩子提供积木、棋类、串珠等需要"静心"才能玩得好的玩具。经常玩这类玩具，有利于培养孩子的毅力和注意力。给内向的孩子买些特别好的玩具，让其有"资本"吸引其他孩子，并从中获得与人交往、分享的快乐。

第四章

原生家庭优化，

育儿是一场旷日持久的多边合作

　　若将人生比作一幅画，原生家庭就是绘就孩子人生的最初底稿；若将人生比作一座建筑，原生家庭就是搭建孩子人生的地基和架构。无论其最终呈现的状态是惊艳还是平平，是雄浑还是浮华，不过都是在初基上的打磨和延伸。原生家庭给予了孩子什么，他最终就会成为什么。

家庭仪式感，并不是哗众取宠的概念

动画电影《小王子》里有这样一个片断：

小王子第一次遇到狐狸时，狐狸对他说，相识需要仪式。这很重要，因为有了这个仪式，很多原本无关紧要、可有可无的东西，就会被赋予特殊的意义。

有了仪式，生活也被赋予了期待，好比小王子每天下午 4 点准时前来，那么到了 3 点左右，狐狸就会开始满心期待。

"仪式究竟是什么？"小王子仍然懵懵懂懂。

狐狸解释说："它使某一天与其他日子不同，使某一刻与其他时刻不同。"

仪式，即人类在向着文明过渡的过程中，面对自然、社会、他人与自身所采取的一种特殊行为方式，它的意义在于，表达对美好生活的憧憬和祝福，同时也升华自己的精神世界。

孩子虽小，但其实在他们的学习和生活中存在着各种各样的仪式，他们的内心也有对这些仪式感的需求。在孩子的成长过程中，如果爸爸妈妈能够满足他们的心理需求，将会为孩子塑造一个格外美丽的精神世界。

仪式感，会让你在平凡又琐碎的日子里，赋予孩子诗意的生活，赋予孩子继续前进的力量，赋予孩子不愿将就的勇气，是父母必须赋予孩子的成长礼物。

这些事情在某些家长看来也许微不足道，但却能够给孩子一种强烈的心理暗示——爸爸妈妈是爱我的，我是幸福的，我是受爸爸妈妈保护、关注、尊重的！

清扬的爸爸妈妈就是一对非常注重家庭仪式感的家长，他们不仅会在特殊的时刻给孩子制造惊喜，还特别注重给孩子制造不一样的仪式。

在清扬上小学的前一天，爸爸妈妈特意给他准备了一套小礼服，一家人一起举办了一个微型的入学仪式。有朋友笑他们："不就是上个小学嘛，至于这样隆重吗？小孩子知道什么。"清扬爸爸妈妈微微一笑，答道："我们只是想让孩子的童年充满美好的回忆。"

清扬小学毕业的时候，学校举办毕业典礼，爸爸那天原本是要跟客户洽谈合作事宜的，但为了参加儿子的毕业典礼，直接将客户转给同事，并专门向领导请了假。有同事劝他："毕业典礼不过是个流程，你不必这样郑重其事吧？这损失多大啊！再说，以后还有中学、高中、大学，你难道都要这样吗？"

清扬爸爸依然笑着说："当然了，小学毕业虽然在大人看来并不重要，但却是孩子告别童年，成为少年的标志。这是孩子第一个真正意义上的毕业典礼，作为父亲，我怎么能不参加呢？不管是小学、初中、高中、大学，都是孩子生命成长中的重要阶段，我必须给他留下幸福美好的回忆。"

在爸爸、妈妈的陪伴和教育下，清扬学习成绩优异，生活态度积极，同时也会在特殊的日子给爸爸妈妈、老师同学、亲朋好友制造惊喜。

父母善于为孩子营造仪式感，重视给孩子提供精神给养，那么，孩子对于人生的意义、对于幸福和快乐的理解就会更深刻，同时也会更积极地面对生活。

相反，倘若父母对孩子的仪式需求毫不重视，时常对孩子说，"小孩子过什么生日""你好好学习就行了，别整天想那些花里胡哨的东西"一类的话，那么孩子对于美好生活的向往就会越来越少，对于父母的爱意甚至会越来越淡。

程女士就是一个对生活很现实、极不精致的人。她与老公恋爱时，倘若老公送她巧克力、鲜花等礼物，她就会责怪说："买这些没用的东西干吗？一点也不实惠，还不如往我家送几斤排骨呢！"以至于结婚以后，他们夫妻二人从未过过情人节、结婚纪念日，彼此的生日也不过是加一个荤菜而已。

现在，程女士的女儿瑶瑶已经 12 岁了，但她几乎没有经历过什么有仪式感的特殊日子，即便是过生日，也不过是多加个荤菜而已。

这一年元旦，学校举办元旦晚会，多数家长都给孩子准备了精美的服装，送给老师、同学精致的小礼物，甚至还亲自到班级帮孩子们布置现场。

然而程女士却对此甚为反感，说学校不好好教学搞什么晚会。结果，她只给孩子带了一些水果。

可想而知，别的孩子都在快乐互动，互道祝福，互赠礼物，而她的孩子只好躲在角落里，带着尴尬和失落的目光看着大家，这是怎样一种痛啊！从此以后，孩子脾气越来越坏，在学校越来越不合群，与他们夫妻的距离也越来越远。

显而易见，家庭仪式感对于孩子的成长来说极其重要，你给孩子什么样的仪式感，孩子的内心就会盛装什么样的幸福感和价值感。

那些糟糕的父母，极易把孩子推上不归路

美国 FBI 心理分析专家调查过 100 多名暴力重罪犯，最终得出这样一个结论。

这些人不仅普遍有一个暴力型的父亲，还有一个非常差劲的母亲。这种糟糕的家庭关系导致他们内心混乱阴暗，他们在父母身上学到的主要是攻击和仇恨，而不是温暖和宽容。

在美国，曾发生过这样一件事，被改编成多部电影，如《惊魂记》《德州电锯杀人狂》《沉默的羔羊》等。这几部电影的原型人物叫艾德·盖恩，是美国犯罪史上臭名昭著的连环杀手之一。我们知道，被搬上大荧幕的真实犯罪很多，但同时成为两部好莱坞一级大作原型的，只有艾德·盖恩一人。

日常生活中的艾德·盖恩被大家认为是安静、内向、害羞的，那么究竟是怎样的人生遭遇，让原本内向害羞的小镇农夫裂变成如此可怕的一个人呢？我们试着走进艾德·盖恩恐怖而脆弱的内心世界。

艾德·盖恩的父亲是个酒鬼，酒对他来说才最重要，而不是孩子。

艾德·盖恩的母亲是个极其苛刻而且狂热的教徒。

他还有一个哥哥。

在艾德·盖恩很小的时候，他们举家搬到威斯康星州的平原镇，

在一处偏僻的农场定居下来，这里隐秘性很高，平常不会有人来。

艾德·盖恩的母亲一再恐吓自己的两个儿子："女人是非常危险的！沉浸女色是极不道德的！"她想方设法压制儿子们对异性自然而然的兴趣，艾德·盖恩因此终身未娶，也未亲近过任何女人。

进入学龄期，艾德·盖恩被允许去学校读书，但母亲明令禁止，不许他结交任何朋友。孤独的艾德·盖恩总是坐在教室的角落里，学校对他来说只不过比家更大一些、人更多一点，除此以外，别无其他。年幼的艾德·盖恩本能地认为母亲的话是对的，他只好孤立自己。

没有任何朋友，对异性毫无感觉，艾德·盖恩的内在关系里只有酒鬼父亲、严苛的母亲和与自己一样孤独的哥哥，他因此形成了异常孤僻和不谙世事的性格。

艾德·盖恩的生命前期还算平静，他大部分时间都在自家农场工作，偶尔去镇上打打零工，在小镇居民的眼中，他只是个非常安静、非常害羞、有点古怪的年轻人。

平静的生命最终被接连的变故打破，他的父亲、哥哥、母亲相继离世，艾德·盖恩感受到了前所未有的孤独，他的生命里再没有一个亲人，也没有同伴，更没有妻子和儿女，他此时唯一拥有的，是无边无际的空虚和孤寂。

艾德·盖恩无法承受这一切，他把母亲的尸体保留在家中，好像她从未死去。与母亲尸体朝夕相伴的日子，触动了艾德·盖恩对女性的原始渴望，在这种畸形欲望的驱使下，艾德·盖恩开始挖掘坟墓，将那些刚刚离世的尸体带回家中，让女孩们以另一种方式与自己相伴。最终，艾德·盖恩一步步走上了"屠夫"的道路。

由于患有慢性精神障碍，艾德·盖恩最终被判无罪，但是被送到了精神卫生研究院，直至走完余生。据说，那才是他生命中最快乐的一段日子。

艾德·盖恩是令人恐怖的，也是令人同情的。从某种意义上说，他只是个可怜人。他从小就被糟糕的父母建造了一个硕大的心理囚笼，阻断了他与正常人的情感交流，他即使没有犯罪，也如同生活在地狱中。

然而，这不是特例。

亨利·李·卢卡斯的父亲因为事故导致双腿残疾，失去了工作能力，他开始酗酒。他的母亲则是一个有严重暴力倾向的女人，亨利和父亲成了母亲发泄怒火的对象。

亨利是在母亲的咒骂和殴打中长大的。他遭受的残酷虐待恐怖得令人难以想象。

有一次，亨利在游戏中不小心被刀戳伤左眼，伤势非常严重，但母亲却无动于衷地任他挣扎好几天才带他去看医生，最后医生只好以人造眼球来代替他的左眼。

还有一次，因为一件小事，母亲用木棒狠狠敲击亨利，头骨破裂的亨利整整昏迷了三天，才被母亲带回家的男友柏尼坚持送医而捡回一条命。但是，他的大脑遭受了一定程度的损害，这有可能是导致亨利以后精神分裂以及其他冷血行为的原因。

在母亲高兴的时候，她会把亨利打扮成一个小姑娘的样子，让他穿上女孩的衣服去上学。毫无疑问，亨利会遭到同学们的嘲笑，这就彻底摧毁了一个男孩的自尊和自信。亨利后来的双性恋倾向，大概可以从这件事上找到原因。

亨利的生活中没有娱乐，只要是带回家的小动物都会被母亲用各种方式杀死，大概是从这时起亨利开始觉得生命很不值钱，所有的快乐都是不真实的……在爸爸去世后，他开始偷窃。

在亨利23岁的时候，似乎有了一个成为正常人的机会。他结识了一个叫莎拉的女孩，不久之后，他们订了婚。可他的母亲反对亨利和任何一个女孩交往，她希望儿子永远是自己的玩具。但是，亨利已经长大成人，有了自己的想法，并且敢于反抗了。最后的结果是，莎拉认为自己日后难以和性格如此怪戾的婆婆友好相处，于是主动离开了亨利。

这件事成了亨利一生的转折点。在警方的档案上，这是亨利的第一个犯罪记录——由于女友的离去，愤怒的亨利失去了理智，而且从此再也没有恢复过来。在和母亲的争吵中，亨利杀死了她。

在这桩案件里，法官和陪审团接受了辩方精神病专家的意见——亨利患有精神分裂症。法庭宣布，亨利将在精神病院里住上40年。

渐渐地，亨利被人们淡忘了。他仅仅在精神病院里待了10年，医生们相信他已经恢复理智，但实际情况远非如此。亨利并没有从疯狂的状态中解脱出来，尽管表面上看他似乎正常了。于是亨利获得了假释。

这也许是这个世界上最悲哀的错误判断，从此亨利·李·卢卡斯开始了疯狂的犯罪生涯。

几乎所有病态的犯罪者，都有一个不幸的童年。在艾德·盖恩和亨利·李·卢卡斯那样的家庭环境下长大，一个孩子如果能保持心理正常，那才是奇迹。

也许你觉得这样的事情有些耸人听闻，自己并不会这样糟糕地对待孩子，但不要掉以轻心。英国剑桥大学犯罪学专家大卫·法林顿博士这样提醒父母们：

——人如果在童年受到任何虐待和忽视，长大以后都有可能会有犯罪倾向！

——无论何种程度的肉体暴力或精神暴力，都会给儿童内心埋下仇恨的种子！

按照心理学的解释就是人会以别人对待自己的方式，哪怕只是自认为的别人对待自己的方式，来对待别人。

伴随而来的逻辑就是我们今天对待孩子的方式，很可能会是将来他们对待我们或其他人的方式。

这就解释了为什么那些童年不幸的孩子往往都有心理障碍。

尽管一些饱受孤独与摧残的孩子长大后看上去与常人无异，但他们大多带着隐藏的伤疤，其形式有时候是无以复加的孤寂，有时是根深蒂固的自卑，有时是潜藏心底的愤怒。无论何种形式，总会隐晦地表现出儿时的伤痕或孤独。在成年以后，他们之中一些人会竭力对自己进行心理补偿，方式就是让自己更冷漠无情、更愤世嫉俗、更霸道暴力、更容易随心所欲做坏事，并且倾向于心怀怨恨，寻求报复或暴力征服。

换而言之，如果一个人在生命的关键时期没有得到足够的重视和尊重，尤其是在童年时期，那么他们有能力以后，会竭尽所能确保别人重视和尊重自己，哪怕是无底线的取悦或强迫，哪怕这种"尊重"和"重视"里包含了厌恶、恐惧和憎恨。

我们经常会说，人是社会性动物。事实上，这样说根本不能表明关系对我们的重要性。准确地说，关系就像衣食住行一样与我们密不可分。我们对关系的渴望，就像必须拥有衣食住行一样。

因此，不管童年经历了什么，长大以后每个人都会尝试努力去建立完美关系。

但是，一个孩子只有拥有好的内在关系模式，即他与父母的关系一直健康美好，他才能够掌握与人交往的正确方式，才能比较轻松地把自己的社会关系变得和亲情关系一样。

相反，如果孩子拥有一个非常差的内在关系模式，即他与父母的关系一直非常糟糕，那么可以预见，他基本会将这个关系模式带入到社会关系中，就像前面说的那样，这样做只会让自己在关系中受伤或是伤人。

比如说，假如一个父亲崇信"棍棒教育"，经常对孩子呵斥打骂，那么这个孩子长大以后，他要么"受虐成为习惯"，变成一个逆来顺受、委曲求全的人；要么"认同暴虐的父亲"，变成一个性格急躁、有暴力倾向的人。前者令他容易成为别人的伤害对象，后者令他容易对别人做出伤害行为。总而言之，都会对孩子心理造成伤害。

夫妻常吵架，孩子内心被迫病态化

一个家庭里，如果父母经常吵架，那么孩子的心理问题往往比离异家庭中的孩子还要严重。

让孩子生活得有安全感，是为人父母最起码的责任。大人不要认为感情只是两个人的事，便毫无顾忌地相互攻击、谩骂，这对孩子心理造成的负面影响将终生难以弥补。

有这样一对夫妻，二人脾气不和，三观不统一，于是家庭中"战火"不熄，经常在饭桌上当着孩子的面吵得面红耳赤，吓得孩子吃不下饭。有时候，孩子睡到半夜就听到隔壁妈妈在骂爸爸，随即就是砸东西的声音。每当这个时候，孩子总是把头蒙在被子里，枕头都不知道被他的泪水打湿了多少次。

就这样，孩子吃不好，睡不好，白天总是无精打采的，上课犯困，放学吓得不敢回家，他非常不想听到爸爸妈妈吵架的声音。终于有一天，孩子实在受不了了，竟然离家出走了。

父母关系不和谐，实际是家长对孩子实施的一种精神虐待。

孩子年龄小，并不能完全理解父母为什么争吵，他们只会从自我的角度认为，自己是引起父母吵架的根源，从而形成一种深重的罪孽感和内疚感。同时，他们又担心父母大吵大闹的结果是抛弃自己，因而产生强烈的、难以名状的恐惧感。这种负面情感，对孩子会造成很深的精神创伤，严重的还会造成心理障碍。

生活中，有些家长口口声声说为了孩子才不离婚，却终日"硝烟"不断，殊不知，这种行为带给孩子的伤害更难消除。经常面对家庭"战火"的孩子，容易陷入人际交往障碍，焦虑、多疑，对未来生活缺乏信心，尤其易对婚姻产生恐惧感。

别以为孩子还小，什么都不懂，他们其实非常敏感，能够敏锐地察觉到父母婚姻关系、家庭氛围的变化。在父母争吵声中成长起来的孩子，内心早已千疮百孔，他们的性格由此变得敏感、脆弱和消极。长大之后，他们也会对人际关系、婚姻关系心生畏惧，缺乏经营亲密关系的信心和热情。

孩子不仅需要父母的爱，也需要父母相爱以及一个和谐的家庭环境。保持家庭稳定，减少冲突，是保证孩子身心健康发展的必要，也是培养孩子情感专注力必不可少的条件。

如果可以，希望天下的父母们都能相敬互爱，而且要公开地让孩子看到这种深厚感情。如果孩子能够感受到父母的相亲相爱，我们就无须更多地向他解释什么是友爱和亲善了。父母的真实情感流入了孩子的心田，将帮助他在未来的各种关系中发现真挚的感情。

退一步说，夫妻间如果有矛盾需要解决，也应该充分考虑孩子的心理感受，尽量控制情绪，不要随意发泄，如果非吵不可，也应避开孩子换个环境，或让孩子暂时离开。

甚至，我们还可以让孩子参与进来讨论，听听他是怎么说的，不管孩子说得对与错，都不要争得面红耳赤。

有些父母喜欢在争吵时说："要不是为了孩子，早就跟你离婚了。"这话如果让孩子听到，他就会误认为父母的争吵是因为自己引起的，会因此产生内疚。因此，矛盾面前，我们一定要就事论事，千万不要把孩子牵扯进来。

再奉劝天下的父母们一句，即使婚姻失败了，也要学会不抱怨、不仇视，给予孩子正面的引导和更多温暖的陪伴，尽可能减少婚姻不幸带给孩子的伤害。

孩子怨你恨你，并不是无缘无故的

多数人都有一个很大的误解，认为一个人的自我价值感高，是因为他本身的优秀，即这个人有很多优点或成就。

事实并非如此。稍微细心观察你就会发现，有些人尽管外在条件看起来已经非常不错，但他就是很自卑。这是因为，尽管自我价值感的高低与外在条件有些关系，但主要还是取决于他能够获得多少爱。不管一个人外在条件有多么优秀，只要他曾在获取爱这方面遭受过严重挫伤，就一定会有某种程度的自卑。相反，不管一个人看上去多么普通平常，只要他的生命里充满爱，他就会非常自信。

用心理学来表述就是，自卑看上去是源于某方面的缺陷或缺点，实质上是源自内心对自己不能获取爱的深深忧虑。

并且，自我价值感的形成有一个关键期，就是儿童时期。瑞士心理学家维雷娜·卡斯特在她的力作《克服焦虑》一书中强调：

我们认为，对婴儿必须表现出爱和关注，这样他才会感觉舒适并且得到很好的发展。如果孩子因太少受到关注而不安吵闹，亲近对象又总是不能及时给以抚慰，那么就会削弱孩子最初的信心，而这种信心正是形成足够稳定的自我价值感的基础。

也就是说，如果孩子小的时候，我们没有给予他足够的爱与关注，没有充分向孩子表明他是一个值得爱的人，那么孩子对于自己和这个世界的信任就会不完整。

著名心理学家马斯洛也认为，一个人是否具有稳定的自我价值感，是否能够正确处理社会关系，主要取决于儿童时期能否与抚养者交换快乐的感受。

不久前，赵女士曾被一个孤冷愤怒、委屈而又卑怯的眼神深深地震撼到了，那只是个七八岁孩子的眼神。赵女士不是一个爱管是非的人，但那天还是忍不住和那位妈妈谈了谈。

那天，赵女士陪着儿子在广场玩耍。附近有两个小男孩，不知什么原因打了起来，大一点的反而被略小的孩子狠狠抽了一巴掌，嘴里还骂着脏话。小宝的妈妈看到以后赶紧过来拉小宝，但没有对大宝表示任何的歉意，也没有对小宝做出任何的指责。

受了委屈的大宝用充满期待的眼神看着小宝妈，怯怯地说："阿姨，他打人，还骂脏话！"

"阿姨一会儿教训他。"小宝妈妈敷衍了一句就带着孩子离开了。

看着那对母子离开的背影，大宝羞愤的小脸涨得通红，他眼神中的愤恨慢慢消失不见，取而代之的是满满的无助、失望、怯弱和自卑。赵女士的心瞬间揪了起来，他虽然不是自己的孩子，赵女士甚至不认识他，但看到他孤独而倔强地站在那里，像只受伤的小兽，独自舔舐着伤口，赵女士还是心疼地急忙四下寻找孩子的妈妈，希望她能快点来安抚这颗敏感、脆弱的似乎正在封闭的心灵。

终于在不远处，赵女士看到两个正在聊天的女人，她们也看向这边，其中一个女人说："你看，他就是这样，和谁都玩不到一起去，在家里也是这样子，脾气拧着呢，真替他犯愁。"

只这一句，赵女士完全明白孩子那种孤独、无助、自卑的眼神来自哪里了——"妈妈，你就是这样看我的吗？我需要你的时候，你为什么总是在别人面前贬低我？"——或许此时此刻，孩子的心里正在悲伤地呐喊着。

看着孩子复杂而黯淡的眼神，赵女士觉得这孩子的内心已经开始有裂痕了，心中的温暖正被一次又一次地撞击而冲散。

过了好半天，孩子的眼睛里依然噙着泪水，孤零零地站在那里，幽怨卑怯的眼神在与妈妈视线接触的瞬间立刻变得那样暴戾而倔强。

"小骏，回家了！"孩子妈妈聊完天走了过来。

"我不回去！你自己回去吧！我想回去的时候一个人会回去！"孩子明显是在赌气。

孩子妈妈见赵女士正在看着他们，尴尬地笑了笑说："这孩子就是不听话！"

赵女士实在无法淡定了，忍不住但仍微笑地说道："其实你应该及时帮他疏导情绪，如果孩子受了委屈需要你的安抚，而你没有给他，慢慢孩子就会不和你沟通了。现在他还小，如果让他形成这种心理隔膜，将来你们的沟通会越来越困难。"

"现在就是这样啊！"孩子妈妈听了赵女士的话好像遇到了知音，"他现在就像个闷葫芦，经常无缘无故地闹脾气，问他为什么也不说，您说该怎么教才好？"

"但是我觉得，这不完全是他的错。我这样说您别生气，我觉得是您没有尽到做母亲的责任。之前您和孩子是怎样相处的我不知道，但刚刚的情况我觉得您应该及时走过来，在他需要你的时候及时安抚他、开导他，别让他觉得自己受欺负时是孤零零的一个人，否则这些小心结都郁积在心里，他只会越来越封闭自己。"

"他和别的孩子打架，我向来都是骂自己家孩子的，总不能说别人家的孩子不好。"看着她自以为然的神情，赵女士简直要晕倒，多么熟悉的画面，多么无知的原则！我们这代人从小不就是在这样的境况中长大的吗？难道父母在我们身上留下的懦弱的烙印，还不足以让我们深思吗？

"孩子的事情，并不一定要分清对错。"赵女士耐心地说，"但至少你应该让他感受到，你是关心他的，让他有一个疏解坏情绪的倾诉对象，而不是一个人把坏情绪都憋在心里。我在这里也有一会儿了，真的觉得他很让人心疼。"

转过头，赵女士看着孩子，轻轻地问他："能不能告诉阿姨，刚才是怎么回事吗？"

"我想跟他一起玩，他不愿意，就打人，还骂脏话，他是个坏孩子！"孩子的声音比刚才响亮多了，而且头也抬了起来。

"阿姨也觉得他不对，但你表现得非常好。他比你小，你打得过他却没有打他，也没有骂他，你不仅懂礼貌，还知道忍让，阿姨很佩服你呢！他应该向你学习。不过阿姨觉得你还不够勇敢。"

"为什么？"孩子不解地问赵女士。

"因为你没有告诉他，打人、骂人是不对的。作为小哥哥你应该帮助他改掉缺点，那你想不想让自己更勇敢一点呢？"

"我想！"孩子挺了挺胸膛。

"那下次遇到他，咱们就勇敢地原谅他，并告诉他打人和骂人是不对的，好不好？"

"好！"孩子响亮地回答，虽然脸上的泪痕仍在，但情绪明显比刚才好了很多。

"谢谢你，还是你有办法。平时我们的确很少和他这样说话，他太淘了，脾气又拧，不好管教。"

"我觉得不一定是他脾气拧，而是你的沟通方式应该适当改变一下，对小孩子，我们不一定要去评判他的对错，这是次要的。重要的是，我们要让孩子感受到父母的理解和关爱，让他的内心能够得到及时的安抚，情绪能够得到及时的舒缓，让他觉得自己有人疼爱，不是孤单的一个人。这样一来，孩子就愿意亲近你、相信你，愿意对你说心里话了，这样他也能够逐渐学会怎样与同龄人沟通了。"

孩子妈妈若有所思地点了点头。

我们不确定孩子妈妈是否真的同意她的说法，或者能够审视自己的教育方式，但我们仍希望透过这件事，她能够有所触动，毕竟孩子的未来如何，现在仍攥在父母手里。

我们的孩子，在没有完全看清这个世界之前，在无法客观地评价自己之前，他对自己的认知，主要来自父母。

从孩子脱离母体来到这个世界开始，我们抚摸孩子的方式、我们对待孩子的语气、语调，我们看孩子时的眼神以及孩子哭泣时我们的反应，我们平时对孩子的评价，都在潜移默化中塑造着孩子的"自我价值感"。

素养较高的父母比较容易塑造出自我价值感高的孩子。他们给予孩子的爱温暖如春——"无论我是否优秀，他们都爱我，我永远都有人爱，不会孤独，我是有价值的"，自信因此而树立。

与之相反，问题父母往往会令孩子觉得自己很无用、很孤独。因为他们与父母之间没有对等的交流，他们被要求必须顺从父母的要求和各种规矩的约束，一旦犯规就会遭到指责和惩罚。他们渴望父母的理解和爱护，渴望在心情不好时得到父母的陪伴和安慰，渴望在遇到难题时得到父母的鼓励和帮助，渴望在受了委屈以后父母能够及时安抚并为自己辩解，然而问题父母并不会给予他们这么多。他们只能在自己的世界里感受着孤独，顺便把自己贬低得一无是处。

这样的孩子必然无法很好地融入社会，也容易变得自甘堕落，他的大部分潜力都得不到发挥，最终也就真的成了一无是处的人。

然而，这究竟是谁的错呢？

父母的素养，决定孩子未来的模样

谭女士是青岛某小区业主，上个月她的爱车好好地停在地库停车位上，引擎盖却被踩塌了好几块。这可把谭女士心疼坏了，赶忙来到物业调取监控。通过监控发现，4 名七八岁左右的小孩子，从旁边的路虎 SUV 上跳到自己的爱车上玩耍，谭女士第一时间报了警。

民警看过监控后表示，孩子太小，损失金额也小，不足以立案。谭女士修车共计花了 3500 元，4 个孩子通过监控全部找到，都是小区住户。其中一名孩子的父母得知情况以后，当即向谭女士赔付 900 元，并带着孩子向谭女士表达了真挚的歉意，但其他 3 位父母则对自己孩子的过错毫无表示。

旁边路虎车的车主就是其中一位孩子的家长，谭女士开始并不知道对方是家长，还联系对方，告知他们车被踩了。后来已经赔偿的那位家长告诉她，正是路虎车主的孩子和其他孩子说，两辆车都是他家的，随便玩，其他孩子才敢跳的。

谭女士再次联系对方，对方口头承诺会进行赔偿，但随后再打电话，要么说自己不在国内，要么不接电话，一直推托。最后推托不过，索性表示："我的车也被踩了啊，凭什么认定你车凹陷的地方就是我孩子踩的？这么多孩子，怎么就只盯着我家？看我家有钱吗？再说，200

块钱就能搞定的事情，怎么就花了 3500 元？"

正如某位哲人所说的那样：孩子没有问题，孩子的问题都是家长的问题。其实，每一个"熊孩子"的背后，肯定都有一位、两位甚至是多位"熊家长"。这些"熊家长"的口头禅几乎一致："小孩子不懂事，你大人还和小孩计较吗？"

没错，孩子是小，是不懂事，可是家里的大人难道也不懂事吗？不知道什么叫是非对错吗？

要知道人的教育在他出生时就开始了，在他不会说话和听别人说话以前，他已经从父母的言行举止中受到了教育。教育始于家庭，始于父母，孩子身上的毛病，多多少少都有父母的影子。

如果你对此仍持有怀疑，那么我们来看看世界上两个非常出名的家族。

一个是爱德华家族，想必很多人都听说过，其祖先爱德华一世是一位博学多才的哲学家、神学家、道德家，为人认真勤勉，治学严谨。在这样的家庭中成长，他的子孙后代绝大多数都非常优秀。这个家族至今传到第八代，600 多位子孙中出了 13 位大学校长，100 位教授，80 多位文学家，60 多名医生……

另一个是珠克家族。老珠克是远近闻名的赌鬼和酒徒，整日醉生梦死，无事生非。这个家族至今也传了八代，其子孙后代中，300 多人当过流浪汉或乞丐，400 多人因酗酒致残或死亡，60 多人因盗窃或诈骗罪入狱，7 人成了杀人犯，整个家族，没有一个有出息的。

那么，我们不妨做个设想，倘若珠克家族中的某个孩子，在婴孩时期就被爱德华家族抱养，那么这个孩子的命运又会如何呢？

家庭最初灌输给孩子的是非观、善恶标准、为人原则，必然影响孩子的一生。

因此，如果你希望孩子人才出众，就给孩子一个良好的示范。事实证明，以身作则比给孩子讲道理要有效得多。因为没有判断力的孩子很难理解你的长篇大论，但却会积极模仿你的行为。

俗话说："喊破嗓子，不如做个样子。"家长要求孩子相信的，自己必须相信；要求孩子做到的，自己必须身体力行；要求孩子全面发展，自己先要活到老、学到老；要求孩子少年早立志，自己的人生不能没有奋斗目标。我们很难想象，一位终日喝酒、打牌的父亲，或一位每天把大量时间花在穿戴打扮、逛商场上的母亲能给孩子做出勤奋学习的榜样；我们也很难想象，一对连自己父母都不愿赡养的爹妈能教会孩子关心和爱；我们同样很难想象，整天琢磨怎样占人便宜的父母能培养出孩子健全的社会属性……为了让孩子检点自己的言行，为了让孩子提高自身的修养，为了让孩子以更加积极的态度对待生活，为了让孩子努力去拓展自己有价值的人生，为了让孩子学会做人，父母必须先修正自身，给孩子树立一个良好的榜样。

过度养育，孩子缺少基本社会生存能力

如果你在孩子的成长过程中对其干涉过多，势必会使孩子产生强烈的依赖心理，导致孩子缺乏基本的生存能力，他的人生也许就会毁在你的手里。

今年30岁的子龙从小到大都是校园学霸，大学就读于"双一流"高校，智商出众，附近邻居对子龙爸妈真是羡慕不已。

然而，自家的苦只有自己知道，谁也没想到，这位名校高材生每天的工作就是宅在家里玩游戏，衣来他就伸手，饭来他就张口，完全靠已过耳顺之年的退休父母养活着。

子龙之所以是现在这种状况，与他的父母有很大关系。他的爸爸妈妈在子龙小的时候，为了让他专心学习，几乎对子龙所有的事情都要大包大揽，子龙直到15岁，袜子、内裤还要妈妈帮着洗呢。因为从小习惯了父母的包办，子龙至今仍无法独立生存。

大学毕业找工作，子龙完全不知道怎样应对，又是他的爸爸妈妈不停地帮他联系招聘单位，跑应聘事宜，一手包办了子龙本该自己完成的事情，而子龙，只需要在家里开着空调，连着Wi-Fi，吃着西瓜，打着游戏，等待消息即可。

结果，虽然有知名学府学历加持，但没有一家大企业愿意聘用这种连找工作都要父母参与的人，而那些规模不太大的企业，子龙显然是不愿意去的。

子龙虽然很优秀，但大学期间并没有谈到女朋友，不是他长得不行，是他在学校里是出了名的自理能力差，学校里的女同学都对他望而却步。毕业后，爸爸妈妈也托人给他介绍了几个对象，但女孩子只要一和他相处，就知道了他的"底细"，谁也不愿意找一个完全需要自己照顾的"巨婴"。

所以直到现在，而立之年的子龙仍在家中优哉游哉地享受着"惬意"的生活，而他的爸爸妈妈也只能被迫吞咽着自己当年种下的苦果，虽然筋疲力尽，但也无可奈何。

英国伦敦大学社会科学学院在 2015 年的一项研究数据显示，那些被过度养育的大学生，成年以后往往都心态不好，他们容易悲观，容易对生活不满，罹患抑郁症的概率也高于其他人。因为缺乏自理、自立能力，没有主见，他们步入社会以后，难以承受严峻的生活考验与巨大的社会压力，很多人甚至都不能养活自己。

事实上在中国，父母过度养育的现象比较普遍，主要表现在以下几个方面：

（1）过度保护：总是担心孩子会出事，这也不让孩子做，那也不让孩子碰。

（2）过度帮助：怕孩子做不好，索性自己代劳，导致孩子更是什么都做不好。

（3）替孩子作决定，以自己的意志、以经验论来左右孩子的意志，打着"为你好"的幌子定夺孩子的一切事宜。

然而，如果你一切都替孩子做了，那么当有朝一日他独立去面对这个世界的时候，将无所适从。在人生旅途上，有时孩子确实需要别人的帮助。但如果将别人的帮助当成了一种依靠，就势必会养成一种脆弱的性格。

如果你想让自己的孩子早日独立，那么就应该从小让他养成独立的性格。在培养孩子独立性这方面，欧洲人的方法值得借鉴。

欧洲人很注重对孩子独立性的培养，他们让孩子从一生下来就一个人睡在自己的卧室里。

一个英国家庭的保姆，她睡的房间离孩子卧室有两层楼。为了便于照顾孩子的生活，雇主买了一个婴儿监护器，一头放在孩子的床边上，一头放在保姆身边。保姆可以从那个小小的监护器里听到孩子是否醒了，是否在哭，连孩子翻身和吮手指的声音，保姆都听得清清楚楚。

白天倒没什么，晚上如果孩子生病，保姆就得一次次爬两层楼去孩子房间照顾他。孩子的卧室里有一张带栏杆的小床和一张大床。孩子还小，睡在小床里。保姆想睡在孩子房间里那张大床上，省得一趟趟来回跑。这样既方便大人，孩子又能得到细心的照顾。保姆把这个想法告诉雇主，雇主却说："这不好，心理学家说过，孩子和大人一起睡有许多弊病，比如胆小怕事的性格，没有独立生活的能力，行为变得怪异等。"

欧洲一些国家的父母这种教育、培养孩子独立性格的手段，对于许多中国父母来说是难以理解的，但其教育理念及做法非常值得中国父母借鉴。竞争充满着整个社会乃至每一个家庭，为了让孩子日后能够适应竞争激烈的社会，每一位父母都应该从小就培养孩子独立生存的能力。

（1）孩子的事情让孩子自己做。

要培养孩子的独立性格，就要让他从自身的事情做起。让他自己穿脱衣服、系鞋带，自己大小便，自己洗手、洗脸、刷牙、梳头，自己收拾玩具、整理图书，自己洗手绢、袜子……这些虽然都是生活中的小事，但却是培养孩子独立性的重要内容。

（2）对孩子想要做的事情给予鼓励。

孩子是一个独立的个体，随着年龄的增长，他们注意的中心会逐渐从父母转向外界事物，什么都想看看摸摸，什么都想尝试一下，独立意识大大增强。这时父母要顺应孩子的发展变化，满足鼓励孩子积极探索，让孩子获得活动的乐趣和成功的体验。

（3）要引导孩子做不会做的事情。

比如，孩子第一次自己吃饭，第一次独立入睡，第一次洗袜子，这些在成人看来是微不足道的小事，却对孩子独立意识和能力的发展有着非常重要的意义。家长一定要以积极的语言和行为去让孩子大胆尝试自己没有做过的事，要经常对孩子说"自己试一试""我相信你能做好"。同时，要给孩子一些具体的指导和帮助，让孩子掌握一些必需的技能。

（4）尽量让孩子自己做决定。

父母们之所以喜欢替孩子做决定，不外乎怕孩子犯错，我们希望自己做出的"正确选择"，可以使孩子变得更好。但事实上，有一些决定，即使孩子做出了错误的选择，也并不可怕，因为失败也是成长的一部分，也是一种人生阅历，它会教会孩子怎样对自己的人生负责。

虽然让孩子自己做决定有一定的风险，但正是这种风险，使孩子成长为真正独立的个体，这或许才是父母对孩子最大的负责。

被圈养的孩子，极易把自己活成一座孤岛

有一位朋友，夫妻二人都是教师，而且只有一个独生子，因而对儿子的教育非常严格，孩子从小就被"圈养"在家里。这位朋友特别爱干净，其他小朋友到她家里玩，如果把屋子弄乱了，她会很不高兴，

并警告孩子，下次不要把小朋友带到家里来。就这样，孩子的朋友变得越来越少，他也越来越不爱与小朋友们交往了。

等孩子稍大一点，他们又常告诫孩子，外面坏人多，对谁都要提防点，做什么事都要小心。孩子上初一那年，一天上完晚自习，独自一个人回家，在一条小巷子里，看到几个社会青年正在殴打一个学生模样的男孩，父母的叮嘱顿时变成了他目睹的事实。他吓得瑟瑟发抖，拼命地跑回家，后来经过很长一段时间，这种恐惧感才慢慢消失。恐惧感虽然消失了，但恐惧的痕迹还是存在。每当孩子看到陌生人，就会产生莫名的恐惧，在惶恐、矛盾、徘徊中，他变得越来越孤僻。

孩子孤僻，怕见人，总是不开心，对一切事情都冷漠，或是喜怒无常爱发脾气，做事情不专心，坚持性差，父母就要注意了。对于这样的情况，很多父母认为是孩子的性格特点，不太在意。其实，孩子的孤僻行为与家庭影响有很大的关系。

从儿童心理学上讲，社交心理是孩子心理健康的一个重要标志。如果父母没有为孩子培养一个正常的社交心理，那么孩子将自我封闭于一个相对固定与狭小的环境中，由于隔绝了人际交往而往往容易产生心理障碍。常见的表现是自闭、胆怯、自私、任性，不帮助别人，也不让别人帮助，忽而自傲，忽而自卑。有的孩子可能学习成绩不错，智商颇高，但情商可能偏低。不仅交往能力不足，而且不会妥善处事。造成这种情况的原因可能是长久封闭在与爸妈的小天地里，没有同小朋友玩耍的环境，更难交到知心朋友而导致的性格变异。

陈女士生睿睿前，是一家大企业的高薪白领。因为一直忙事业，怀睿睿时已经是高龄产妇了。为了把孩子培养成才，她无法再兼顾事业，于是辞去了光鲜的工作，一心一意当起了全职妈妈。

陈女士把孩子的教育当成事业去做，不仅把睿睿的日常生活照顾得无微不至，而且从孩子出生起，就非常注重对他的教育。睿睿2岁多的时候，就能够数数、背唐诗、读英文字母了，没少赢得亲朋好友的赞许，陈女士也因此成了大家眼里榜样级的全职妈妈。

但是从睿睿上幼儿园开始，问题就来了。

虽然睿睿没有像其他小朋友那样，在入园初期大哭大闹，但陈女士发现，自从上了幼儿园以后，睿睿的情绪就大不如前了，而且夜里经常做噩梦。幼儿园老师对她说，睿睿在幼儿园很乖，自理能力也很强，但就是太安静了，他不和老师、小朋友一起玩耍，总是一个人坐在角落里望向窗外，似乎望眼欲穿等待妈妈的到来，那种期盼的小眼神看着都让人心疼。

陈女士问孩子："你为什么不和其他小朋友一起玩呢？"睿睿的回答每次都如出一辙："我只喜欢妈妈，只喜欢和妈妈玩，我不要和别人玩！"

陈女士说，听了孩子的话，她心里难受极了，想想睿睿上幼儿园前，每天在家里和自己玩得都很开心，可上了幼儿园，小朋友多了，反而孤僻了。

其实，睿睿的孤僻正来自妈妈的过度养护，以至于孩子大多时间只和爸爸妈妈在一起，几乎没有机会接触外部世界。生活圈子的闭塞，会让孩子缺乏足够的社会化锻炼，久而久之，孩子就不愿也不会与别人相处了。这样养出来的孩子，往往更喜欢独处，或只愿和父母在一起。

当然，导致孩子孤僻的原因还有很多。

有些家庭，父母本身不善交际，自然无法为孩子提供正确的社交指导，受此影响孩子从小就容易因为缺少小伙伴而越发不合群。

有些孩子因为父母离异或一方身故而生活在单亲家庭中，长期缺少足够的家庭温暖，爱的缺失致使他们性格越发孤僻，对周围的人和事物总是很冷漠。

有些家庭父母过于注重事业，长期将孩子托付给老人或保姆，孩子在成长过程中得不到父母爱的滋养，就很容易出现畏缩、孤僻的情绪。

有些父母，过度以孩子为中心，孩子被娇宠成了习惯，一旦到集体中，关注度严重降低，没有了赞美声，孩子的自信心顿时备受打击，就会慢慢变得自闭。另外，被溺爱的孩子往往过度以自我为中心，要求得不到满足就会大发脾气，这样也会受到小朋友的排斥。

还有些父母，信奉严厉教育，在孩子面前总是板着面孔，孩子有点小错非打则骂，导致孩子对父母过分畏惧，长期处于紧张压抑状态。因为害怕犯错受罚，孩子战战兢兢，如履薄冰，慢慢就从不敢说话变成了不愿说话。

诚然，孩子的孤僻令我们做父母的内心焦虑，但倘若父母能够及时醒悟，改变教养方式，多接近、多关心孩子，给予孩子足够的温暖，孩子的孤僻状况就会有所控制和好转。

（1）爸爸妈妈应该竭力为孩子创设一个良好的家庭氛围。

如果父母不和，经常争吵，孩子就得不到应有的关怀和培养，使孩子的心灵受到创伤，就会因此而沉默寡言、闷闷不乐，从而越来越孤僻。假如爸爸妈妈经常随意批评、否定孩子，甚至指责、训斥孩子，孩子就会丧失自尊心和自信心，会感到自己很笨和行为不好，这种自我体验几经反复固定下来，就会使孩子形成自卑孤僻的性格，总认为自己什么都不会、什么都不行，谁都不如，因而一个人缩在一旁不敢出声、心情压抑。

（2）我们还要扩大孩子的生活空间。

当前，由于家居条件、家庭结构等原因，很多父母常把孩子关在家里，久而久之，孩子就会变得孤僻。我们应该让孩子从"自我"的小圈子走出来，让孩子多与小伙伴一起玩耍、游戏。

（3）我们要将孩子带动起来。

孤僻的孩子多着迷于一些缺乏社会交往、社会交流的活动，如看电视、玩游戏机等。对周围的东西不闻不问，对社会、周围的人和事采取不参与的态度。我们必须中断孩子的这些着迷的爱好，多与孩子进行情感沟通，鼓励孩子陪自己外出采购、参与做饭或帮邻居取奶、取报、送信等，让他与人进行交往及培养他助人为乐的精神。

（4）我们要坚持每天带孩子出去到有同龄小孩玩的地方活动。

这是非常有必要的。另外，可以的话，多带孩子到有同龄孩子的家庭串串门，让孩子多多与别的小孩子接触。因为和同年龄的孩子在一起，孩子相对来说会比较放松，也更容易开口和别人交流。

此外，我们要注意细致地观察、挖掘孩子的长处，创造条件使孩子得到表现的机会，经常以商量的语气、信任的目光、平等的心态与孩子沟通，做孩子的好朋友。这样，孤僻的孩子也会慢慢开朗起来，不会再沉迷于独自玩耍。

第五章

对抗与和解，
亲子共创利他型能量平衡系统

　　家庭教育的基础，起点于亲子关系，亲子关系出了问题，之前所有的教育都会毁于一旦。道理很简单，你使任何一个人对你有了成见，他都不会听你的。因此说，你跟孩子关系怎么样，比你为孩子做什么更重要，努力去维护一段良好的亲子关系，才是我们教育孩子的核心奥秘。

孩子很讨厌你说，"这是为你好"

8 岁，你没有任何艺术天分，父母强制你学钢琴，强调这是为你的未来着想，还说这是为你好。

18 岁，你想学驾驶，父母一句开车有危险，不准你去考驾照，还说这是为你好。

25 岁，你毕业了，想去大城市独自闯一闯，父母告诉你家乡城市他们有更多的资源，强烈要求你"衣锦还乡"，还说这是为你好。

28 岁，家里亲戚周围邻居给你介绍相亲对象，你本不想去，但在父母的一再要求下，还是去了。经过短暂接触，你觉得你与对方生活态度不一样，三观不合，做个普通朋友还不错，但父母认为她很好……还说这是为你好。

是的，父母总想你不走一点弯路，不受一丝伤害，他们以自身经验为标准对你发出警告，为你做出安排，替你下了决定，"为你好"已经成了他们的习惯用语。

然而，你真的感觉很好吗？

面对有风险的事物，你还敢去尝试吗？面对未知的一切，你还有信心去探索吗？面对不情愿的安排，你还敢于反抗吗？

如果答案是否定的，"为你好"已经使你习惯了谨小慎微、局高踣厚，习惯了不懂拒绝、逆来顺受，已经使你失去了好奇心、冒险精神、创造力、自主精神，很遗憾，你已经被毁掉了！

那么，现在你愿意毁掉你的孩子吗？

很多时候，父母爱意满满的"为你好"，其实并不切实际，很多时候，那只是父母单方面的设想，并不符合孩子的具体情况。

就是大人们说的"都是为你好"，导致小君工作发展受限，她现在的工作做起来很吃力，想转行从事文职类工作，又因专业不对口而受阻。

一向被众人交口称赞的"乖乖女"，最终辞职离家，独自躲到了千里之外的一座小城，不是小城有多美，而是她实在受不了父母的"为你好"教育了。

事实上，小君一向都是很优秀的，甚至一直被家里的亲戚拿来做弟弟妹妹们的榜样。

在大人们看来，能成为榜样的孩子，必须是乖巧听话的，而小君小的时候也确实对大人们的话"唯命是从"。

高中的时候，分文理班，小君的文科成绩远远高于理科，然而王爸王妈表示："学文没啥用，理科就业前景好，听我们的，学理科，我们都是为你好！"七大姑八大姨也来凑热闹："文科冷，理科热，听你爸妈的，他们都是为你好！"于是，小君选择了自己兴趣不大的理科。

大人们非常满意，觉得小君按照自己的"好建议"做出正确"选择"，将来肯定错不了。然而，事情并没有朝着大人们设想的那样发展，小君在经历了高中三年全力以赴的"鏖战"以后，只考入了一所很普通的三本院校。用她自己的话说，这在意料之中。

原来，小君在选了理科以后，学习非常吃力，那些数字、公式运用起来远没有文字那样令她得心应手。然而，事已至此，她也没有办法，只能硬着头皮学习自己不感兴趣的东西，这导致她成绩并不理想，也造成了她现在的这种尴尬局面。

如今的小君，每次跟朋友谈起当初那次听话的选择，都会燃起极其痛苦的悔意。

中国式教育中"为你好"，一直到今天还在社会上流行。"为你好"到底对孩子好不好，不能一概而论，但可以肯定的是，只有符合孩子实际情况，孩子真心认同并且接受的意见，才是真正的"为他好"。

"雯雯，玩电脑会有网瘾，所以你不要动家里的电脑，妈妈这是为你好！"

"雯雯，学拉丁舞可以提升形体和气质，下周开始咱们去学习，妈妈这是为你好！"

"雯雯，要想比别人优秀，就要掌握比别人更多的知识，妈妈给你报了一个国学班，后天开课，你以后没时间出去玩了，妈妈这是为你好！"

小学二年级的雯雯什么事情都被妈妈安排好了，她每做一件事情都要遵照妈妈的规划，只要她对妈妈的安排有所不满、有所抗拒，妈妈就会说："我还不是为你好！"终于有一天，一件令雯雯忍无可忍的事情触发了她的小宇宙。

原来，雯雯近段时间在小区里认识了一个新朋友，她们相处的非常愉快，而且兴趣相投，比如都喜欢读格林童话，都喜欢看"冰雪奇缘"，都喜欢跳绳，等等。

每天晚饭后的散步时间，雯雯都会和她的新朋友在小区里玩耍，两个人似乎有说不完的话题。有时妈妈散步回来，叫雯雯一起上楼，雯雯还不愿意回去，这让妈妈有些不悦。

这一天，散完步的爸爸妈妈带着雯雯刚回到家中，还没来得及坐下，妈妈就郑重其事地对雯雯说："我觉得你最近玩心变得有些重了，是不是新朋友分了你的心？你以后还是少和她玩吧。"

这席话让雯雯有些受不了了，她长久以来积攒的不满情绪一并爆发出来，哭着反问妈妈："你老说为我好，为我好，可我怎么不知道哪里为我好了？"

哽咽了一下，雯雯继续说道："你说玩电脑会上瘾，不让我玩电脑，可我从来都没玩过电脑，你怎么就知道我会上瘾呢？再说难道我以后不要学电脑吗？你说学拉丁舞可以提升气质和形体，可你有没有问过我喜不喜欢扭来扭去？你说要多学习，就让我去学国学，可我根本听不懂啊！现在，你又管我和谁做朋友，你还有什么事想要管？告诉你吧，我从来没有觉得你是为我好！"说完，雯雯哭着跑回自己的房间了。

雯雯妈听了这些话，也开始伤心起来，自己明明是为了孩子好，孩子怎么就不理解自己呢？雯雯爸听了孩子声泪俱下的"控诉"后，叹了口气，说道："我觉得，咱们应该适当放手，让孩子尝试自己去做选择。孩子有些话说的对，咱们没有让她尝试，没有让她选择，又怎么知道一定是为她好呢？"

事实上，很多父母所谓的"为你好"，都和小君父母、雯雯父母情况一样，只是他们自以为的"好"，并不会征求孩子的意见，而且这种"为你好"往往还带有强迫性质，附加一种"你不这样就不会好，不是好孩子"的道德绑架，而孩子即便被迫答应，心里也是极不认同的。

真正的"为你好"，需要客观、沟通和尊重。

想要为孩子好，父母在做出"为你好"的决定前，就应该认真与孩子沟通，充分了解孩子的个性与喜好，做出真正客观、合理的决定，并且在决定前，务必要耐心倾听孩子的真实想法。

倘若自己的想法与孩子的想法有冲突，能合理化解最好，化解不了，也切不可固执地打着"为你好"的旗号强制执行，这只会让孩子产生抗拒、叛逆心理，对谁都不好。

其实，父母们打着"为你好"的幌子大行其事，其根本原因是出于对孩子未来的焦虑，是对自己孩子的不信任，"为你好"的背后往往带有恐慌的意味。育儿是一个漫长的过程，我们应该学会让自己淡定一点，要学会相信自己的孩子，相信他们能够做出正确的选择，慢慢掌控自己的生活，当你能够化解对未来的焦虑，变强制性为指点时，你与孩子的关系将进入崭新的阶段。

你的完美追求，忽略了孩子的心理需求

明明放学后兴冲冲地抱着妈妈的腿撒娇道："妈妈，我数学考了98 分！"

明明妈听到孩子考的不是 100 分，顿时就有些不悦了，皱起了眉头，原本满心期待得到妈妈表扬的明明脸上喜悦的表情一下子凝固了，瞬间变得非常沮丧。

……

曾在网上看到过这样一个视频，一位自媒体作者随机采访了一些父母和他们的孩子。

作者先问父母们："如果让您给孩子打分，您打多少分？"

父母们略一思索，开始细数孩子的不足：

"80分吧，这孩子学习劲头太低。"

"90分，还算懂事，学习成绩也可以，就是有些固执，有时候真拿他没办法。"

"98分，一分是给他进步的空间，一分是怕他骄傲，哈哈……"

而当作者转过头来问孩子时，情况就不一样了。

"如果让你给爸爸妈妈打分，你给他们打多少分？"

"100分，两个人都是100分！"

"100分，100分，必须都是100分！"

孩子们根本不做思考，在他们眼里，父母都是天底下最好、最完美的人，可在父母眼中，孩子总是有这样那样的不足。

诚然，做父母的都希望自己的孩子出类拔萃，各个方面都表现完美，除了身体健康，更希望孩子听说读写、琴棋书画、"十八般武艺"样样皆通。殊不知，完美只是父母的理想，它所映射的是自己对来自社会和生活压力以及对未来的恐惧与焦虑。而这种过高的期盼，对孩子来说并不是什么好事。

父母的完美情结主要有两种表现形式：其一表现在希望孩子的各个方面都很优秀；其二表现在希望孩子立刻达到自己心目中的标准。但父母们往往没有考虑孩子在成长过程所需要的时间成本。

再者，这世界上根本不存在完美一说，在人的成长中，磕磕绊绊不可避免，它是促进孩子成长的重要因素。父母的完美主义，只能说是一种理想化，并不现实。它除了代表着父母对孩子的美好期望，更多的是家长在养育孩子的过程中图省事、好面子、急于孩子成才的自我需要。说的不客气一点，这并不是真正地关心孩子的成长。

父母对孩子的要求长期过高、过密、过急，很可能导致孩子很在意别人对他的评价，怕人嘲笑自己的任何表现，所以一旦遭受小小的挫败或过错，都可能接受不了，于是便有了拖延不做甚至是自我放弃。比如，孩子有可能因为时间紧张害怕迟到，而找各种借口拖延不去上学，如骗父母说自己生病了，久而久之，就会厌学。

另一方面，父母对孩子的完美要求，会让孩子的注意力更多地放在考虑他人和社会行为准则上，而忽略自身当下的情感状态和需求，因而缺乏足够的自我认知和自我争取。有的孩子还会因此产生抑郁、自闭情绪。

志鹏已经在读大学了，但爸爸妈妈仍把他当小孩子一样，而且他们有严重的完美主义倾向，志鹏做什么，他们都要批评，都要告诉他怎么做才是最好，但志鹏并不这样认为。

长期得不到认同，导致志鹏极度缺乏自信。他一直严格要求自己，但是尽管这样，他仍然无法得到妈妈哪怕一丁点的肯定和真心赞扬。他由此觉得自己一无是处，他累了，疲倦了，他想堕落，自甘堕落，他不想奋斗了。

志鹏变得越来越叛逆，桀骜不羁，上网通宵，夜不归宿，酗酒，父母叫他做什么，他就偏偏不做，哪怕父母一遍又一遍地催促，他也只是置若罔闻。他开始喜欢上了标新立异，喜欢获得别人的关注。

他太希望有人能理解自己、喜欢自己、认同自己了，但这对他来说又是一种奢侈，他没有住校，和父母在一起住，他的父母真的很不宽容，但是他们又很"讲道理"，讲到志鹏根深蒂固地认为，是自己不够好，是自己太差了。

志鹏有时心血来潮，想给父母做顿晚饭，他们的评价是"还可以，但是这个菜多放点蒜末就好了，那个菜稍微咸了一点"。这种话听起来很中肯，先肯定，再提出更高要求，但是如果一个家庭里所有的评价后面都要加个"但是"，你会不会觉得很压抑？因此，后来志鹏索性不再做菜了。

志鹏在家里洗衣服，妈妈就在旁边看着，看他怎么洗，洗的没达到她的要求，她就要"指导"，这个洗衣粉要放多少，要用热水化，要这个，要那个，要怎么怎么……只要跟他们不一样的地方就是错，志鹏感到头痛欲裂。

志鹏无数次在心里呐喊："你们别这么关心我好不好？我不希望被你们关心，真的，别关心我。我害怕，我紧张，我不喜欢被一直不断的挑毛病，被一直不断的"指导"。我就是错了，也是我自己的错，难道我连犯错的权力都没有吗？"

然而，即使志鹏真的大声喊出来，他的父母也不会改变，因为他们已经习惯了对孩子"挑三拣四"，习惯成了自然。

志鹏觉得现在的自己已经被毁了，脑子不好使，整天丢三落四，没办法集中精力，他很懊恼，也很焦虑。只要父母在身边，他就心口堵，觉得他们总会突然指出他什么地方做的不好，索性他什么都不想做了。他的心里现在有阴影，只要在家里，他就没有办法专注做事，这个是他的痛。

他想做自己，又觉得如果做了自己了，别人会把他当神经病，因为他总想发泄心中的郁闷，他现在很愤青，很不平衡。有时候酒喝多了，他会觉得很开心，觉得什么都无所谓，愤青就愤青吧，但有时候又觉得，自己缺乏做自己的勇气，很在意别人的看法。害怕说了自己想说的话，做了自己想做的事，会被别人当怪物，当神经病。

他非常害怕失败，因为在父母眼中，他就应该比别人强，然而，他比别人强的地方父母也不会夸他好，也不会赞他厉害，于是他觉得自己天天拼死拼活的做给谁看啊？他现在什么都不愿意做，害怕做完以后会有人挑毛病，这个心理阴影恐怕要跟随志鹏一辈子了。

让我们花些时间心疼一下志鹏。他聪明伶俐，成绩优异，原本应该和同龄人一样朝气蓬勃、意气风发，在社会上尽情闯荡，可却因为父母的苛求，变得心气全无，唯唯诺诺。这不得不说是"望子成龙"心态下演绎出的一个悲剧。

从心理学角度来讲，人人都希望自己被欣赏，被认可，希望自己获得大家的肯定和瞩目。然而，很多家长在教育孩子时，往往求好心切，希望孩子的缺点越少越好，而忽略了孩子期望被认可的心理需求。家长的这种心情都能理解，但做法并不可取。

我们要明白世上没有完美全能的人，只有多能和少能的人。只要探索的范围足够宽，每个人总能找到自己的不足。在家长的视线范围之内，学习、才艺、人际、道德品质，家长希望孩子都能做好，甚至要做到最好，这实际上是不可能的。即使有的孩子暂时做到了，但家长随之又会提出更高的要求，那么孩子何时才能让家长心满意足呢？

家长可以有要求，但不能总是挑剔。也就是说，我们可以追求完美，但不能要求完美，要求孩子完美是错误的。我们除了强调教育的作用之外，还要承认差异。如果认为孩子某些方面需要改进，从教育的角度，可以有适当的要求和适度的培养与训练，来帮助孩子发展，但不能因此急躁，非要逼迫孩子如何如何。有时家长越着急，孩子反而越犯慷。

家长的完美主义情结对孩子的影响很大，父母应该早些做出改变了：把渴望孩子成才的完美目标分成阶段性成长目标，每个阶段关注当下的重点目标，其他的目标暂时放一放，在以后不同的阶段再进行培养。这样，孩子不但有成长方向，还能够在过程中有适度的承受力和足够的成就感。这样，目标和过程同样很精彩！

代沟不可能填平，只能彼此理解与包容

晚上在朋友圈发美食图，附文：来自对你们的"恶意报复"，然后老爸留言说，做人要大度，切不要太斤斤计较。

月末生活费即将用尽，发朋友圈说"一贫如洗，但求包养"，很快老妈评论说"马上删掉！"然后马上打电话过来说，"你没钱可以跟我们说啊，怎么能做这种事呢？我和你爸怎么也想不到，你会变成现在这样！"并表示，他们此时伤心欲绝！

微信上跟老爸要生活费，他回复"呵呵"，这"呵呵"是啥意思？是给还是不给？是对我表示失望、无话可说吗？

零点准时给老妈发微信，祝可爱的妈妈生日快乐，第二天她回复说，都这么晚了怎么还不睡觉？是不是又在外面疯闹？

为什么原本很普通的情况，却能引发这么多的误会和"灾难"呢？

这就是代沟。

父母和子女最常出现的问题便是"代沟"。由于父母和子女所成长的背景以及教育程度不同。因此，思维方式或多或少都会有些差距，正是这些差距，拉开了亲子关系的距离。

小鑫上初中之前非常听话，各方面表现都很优秀。到了初二以后，出现了一些问题，成绩有所波动，母子关系出现一些问题。但总的来说，他们交流得还不错，小鑫能主动跟妈妈说心里话，也基本能够接受妈妈的意见。

可是自从进入高中以后，小鑫与以往大不一样了。每天放学以后就把自己关在屋子里，妈妈想和他说几句话也没机会，更别说谈心了，急得妈妈如热锅上的蚂蚁一般。

有一次，妈妈以饭后散步为由，敲开儿子的房门。小鑫正在听音乐，他看了妈妈一眼，明显有些不高兴。

妈妈说："既然你现在不写作业，就和妈妈一起去散散步吧。"

小鑫看都不看妈妈，说道："我休息一会儿还要写作业。"

妈妈仍不放弃："那正好散步回来再做，妈妈有些话要跟你说。"

小鑫的眼神分明很排斥："每天在家里都说话的，有什么话非要散步说啊！"

妈妈又生气又伤心。凭女人的直觉她觉察到，儿子的心里肯定有事，如果一直不能与孩子交流肯定会出问题。孩子上初中那会儿，她还常常得意于自己教子有方，母子之间没有隔阂，并常以成功母亲的身份指教别人。现在这是怎么了？难道她与儿子之间也出现了代沟吗？

其实，父母子女因为生活的时代、社会环境不同，生活习惯、思维方式自然也不同，所以产生代沟是必然的。但这个代沟应该只存在于认知层面上，感情上不应该有代沟。家长更不应该以代沟为借口，原谅自己教育上的失误，忽视两代人之间感情的隔阂。

其实代沟也有它好的一面——孩子在成长，也有它坏的一面——不利于沟通。这实际上就是一种自然规律。

当父母与子女出现代沟时，我们应具备如下的认知。

（1）代沟不是坏事，反而代表一种进步，只有在进步的社会中才会有这种现象。

（2）孩子在这段时期应完成的使命便是"建立自我""完善自我"。因此，当子女和父母意见不同时，表示他开始有一套自我的想法，只要有道理，父母都应该帮助他建立正确的价值观。

（3）或许子女现在的意见与父母不同，但不表示永远不相同，等到他成熟起来，或为人父母时，就会体会到你的苦心。

如果我们把代沟看成是一种良性的冲突，有助于亲子之间的了解，则不失为增进彼此关系的妙方。

作为成熟的父母，应当是善于与孩子沟通的，即善于发现孩子在想什么、在干什么。当孩子做出一些成人难以理解的事情时，父母不是当即质问或训斥，而是平心静气地思考一下：孩子的行为是否有合理性。如果缺乏合理性，又是为什么？经过这样的思考，父母则容易了解孩子，而了解孩子恰恰是教育的成功之道。

当孩子与你产生代沟时，你可以这样与他进行有效沟通。

（1）设身处地为孩子着想，这是父母与孩子很好地沟通的第一步。

我们是不是希望别人能够明白我们内心的感受，希望得到别人的理解、认可和帮助呢？孩子也是一样，他们同样希望别人明白自己内心的感受，希望得到别人的理解、认可和帮助，尤其希望这些情感满足来自父母。因此，当你与孩子出现代沟时，请马上拿出自己的同理心，想想自己当年这个年龄时，是不是也出现过类似问题，当时自己为什么会有那样的想法，如此一来，你大概就能理解孩子的心理状态了，也更容易找出合适的应对策略。

（2）倾听是父母与孩子有效沟通的最佳策略。

如果父母愿意倾听孩子的心声，理解他们的意见或情绪，这实际上就是对孩子的尊重，孩子感受到来自父母的尊重，也自然愿意对父母敞开心扉。

父母要做到真正倾听孩子的心声，应该注意几点。

第一，和孩子交谈的时候要暂时放下手上的事情，专心致志地交谈。只有这样，孩子才会感受到父母的爱心。

第二，父母要清楚倾听的目的。倾听就是要真正了解孩子的思想和感受，所以父母要让孩子把自己的心事说出来。对此，父母应该表示理解而不是要批评。

第三，父母要认真体会是不是听到了孩子的心声，孩子对自己是不是没有保留了。

孩子没机会犯错，是父母最大的过错

子女教育的一个误区是，父母怕孩子犯错误，更不允许和容忍孩子犯错误。这样，孩子从小就处在一个对错误的拒绝和恐惧中，一旦他们犯了错误，首先要面对的不是错误本身，而是不能容忍错误的父母，于是很难接受自己的错误，这也就造成了他们做事犹犹豫豫或者根本不敢主动做事情的状况。

佳奇曾是爸爸妈妈的骄傲，佳奇还在上幼儿园时，叔叔阿姨去他们家做客，一进门就能看见他们家最醒目的地方贴着一张写得密密麻麻的纸。这个时候，佳奇爸爸妈妈总是不无得意地告诉对方，"这是我们给儿子列的 88 条不许犯的错误清单"。那上面包括不许打破杯子，不许跳得太高……佳奇爸妈还说，为了保证儿子时时刻刻记住，每天临睡前，他们都会给儿子朗读三遍，然后让他反省今天是否有犯过以上的错误。

佳奇的确很听话，但未免有些唯唯诺诺。上了中学以后，却突然性情大变，成了让父母头疼的叛逆孩子，最后他妈妈不得不辞职在家管孩子。

对孩子而言，恐怕没有什么事情比拥有一个"完美"的童年更糟糕的了。法国教育家福禄贝尔曾说："推动摇篮的手就是推动地球的手。"作为家长，智商并不是第一位的，但智慧一定是最关键的。孩子犯错并不可怕，可怕的是父母对待孩子犯错的错误方式。不当的管教方式，非但不能让孩子认识到错误的本质、体验到犯错的后果，反而让孩子身心受到更大的伤害，甚至让孩子走向父母期望的另外一端。

宁宁 6 岁了，是一个虎头虎脑的小家伙，力气大，活泼好动。妈妈常对别人夸奖宁宁说："我从来不娇惯孩子，宁宁自己穿衣服、吃饭，从来不用我们操心！"就像妈妈说的那样，宁宁确实是个好孩子，不但自己的事情自己做，还总想帮妈妈的忙。

有一天，妈妈出门买菜，把宁宁一个人留在家里看电视。宁宁看到电视中一个小朋友帮妈妈洗衣服的画面，于是决定自己也试试。他拧开水龙头把家里的几个桶、几只盆全都盛满了水，然后打开妈妈的衣柜，把妈妈的衣服一件件地取了出来……

妈妈终于回来了，宁宁满脸兴奋地站在妈妈面前，准备接受妈妈的表扬。

"我的天！你做了什么啊？"妈妈看到浸泡在水里的皮大衣、毛料套裙、羊毛衫，还有两双皮鞋，一时间气得脸色发紫！在妈妈怒气冲冲的斥责下，宁宁惊恐万状、不知所措，终于吓得"哇哇"大哭起来。从这以后，他再也不会主动帮妈妈做事了，即使妈妈要他做什么，他也是能躲就躲，能拖延就拖延。

宁宁妈妈为儿子会动手做事而骄傲，但却不能宽容孩子因好奇心而犯下的错误，而她的责骂必然会给孩子的主动性和积极性带来沉重打击。

允许孩子犯错误，才能保住他们可贵的学习动机和积极性，同时也保住了他们的自尊，实际上，允许孩子犯错是给他们以继续求知探索的鼓励，让他大胆地发挥他的创意和潜能。而批评与指责，却可能从此遏制他的探索欲望，或令他逆反地故意重复同样的错误。允许孩子犯错，他们才会成长更快。

意大利著名女教育家玛丽亚·蒙台梭利所倡导的教育方法就是"容过"，即不要怕孩子犯错误，要允许孩子犯错误。在蒙台梭利看来，父母怎样对待孩子犯错误，及其怎样对待孩子改正错误的态度才是重要的。尤其是父母对待孩子犯错误和改正错误的方式、方法，将直接对孩子产生重大影响，决定孩子正确对待和处理错误的态度和行为。

那些被父母轻视的孩子变得害羞、沮丧和恐惧的例子，在我们身边举不胜举。"我做不好"，所以"我干脆不做"——这就是孩子在犯错误之后，不能及时得到正确引导、矫正的结果。要解决这样的问题，最好的方式就是允许孩子犯错误，让孩子在错误中得到经验和教训，并从中学习到改正错误的方法。

蒙台梭利认为，在传统的管教方式里，孩子的训练是受两条准则的引导：奖赏和惩罚。大部分父母认为，纠正孩子的错误和批评孩子是他们的主要任务，于是当孩子有了过失之后，他们就先不分青红皂白地训斥孩子一顿。在训斥警告过孩子之后，有的父母会问一下孩子犯错的原因，有的甚至连问都不问，这是极不恰当的。蒙台梭利认为家长应宽容孩子的错误、和颜悦色面对孩子的错误，容许孩子逐渐改正过来。

有一位中国教育工作者去瑞士访问，一位瑞士同行热情地邀请中国人去他家里做客。闲谈了一会儿后，主人就带着中国客人去楼上看他3岁的儿子。当他们来到孩子的小房间时，发现那个调皮的小家伙正在制造一场"灾难"：他用剪刀把窗帘剪出了好多洞，又把那些碎布片用胶水粘在墙上。中国客人想，这位父亲一定会狠狠地骂孩子几句，甚至打他一顿，但是出人意料的是，爸爸兴奋地冲上去抱起了儿子："哦，宝贝！你简直是个天才，这么小就会用胶水和剪刀了！不过我的孩子，你最好别动床单、窗帘什么的，那可是你妈妈的宝贝！晚上爸爸再教你怎么使用它们！"小家伙乖乖地交出了"作案工具"，跑到一边玩模型车去了！中国客人目瞪口呆地问："你不教训孩子几句吗？我以为你至少应该让他知道自己闯了多大祸！"主人笑着说："不，犯错是专属于小孩子的自由，我不能粗暴地打他、骂他，我不希望孩子犯错，但更不希望孩子因为害怕犯错，就什么都不去做！"

这位瑞士父亲的做法就很值得我们反省、深思，这种教育方法也是对"容过计"的一种很好的阐释，仅仅宽容孩子的错误是不够的，还要允许孩子犯错误。如果父母们总是把错误看成是罪魁祸首，甚至千方百计地避免孩子犯错误，那么孩子就会渐渐变得畏缩，什么也不敢去尝试。

事实上，所有的成功者都有一个共同的特点，就是他们甘愿冒险，敢于和别人不同，哪怕在追求自己认为值得且正确的事情上遭受失败，也在所不惜。在努力使自己与众不同这一点上，你为自己的孩子树立了什么榜样呢？这不是道德问题，而是要让孩子自由地走出去，去学习，去寻找，去发现，让自己不同凡响。

当然，允许孩子犯错误，还有一个允许到什么程度的问题，这就要求父母对待孩子所犯的错误，设立一个合理的限制尺度。

我们给孩子的自由是限制之内的自由。比如，给予孩子在家中自由活动的自由；给予孩子选择的自由，支配时间的自由；孩子自由选择学习或娱乐的自由；自己选择独处或与其他孩子交往的自由……我们所给予孩子的这些自由，应当是在限制之内的——孩子不可以干扰或伤害别人！这就是明确而坚定的合理限制。

你想没想过，为什么孩子会变得"六亲不认"

总有些家长会抱怨，怀疑自己的孩子不爱他们，对此很多父母也是感同身受，他们的孩子对他们冷漠、毫不关心，这让他们伤心极了。然而，孩子究竟为什么会这样呢？

　　爱是人类天性，每一个人都希望得到别人的爱，同时也应该向别人付出爱。可一些父母往往只给予孩子爱，却不懂得要求孩子回报，也不培养孩子施爱的能力，久而久之，孩子就习惯于父母关心自己，却不知道关心父母。

　　李女士最近伤心极了，她的儿子小亮今年 15 岁，从小被全家人精心呵护着，向来都是细致入微，有求必应，但不久前发生的一件事，让李女士感到非常心寒。

　　前段时间，李女士在家突发急性胃肠炎，疼得在床上翻来覆去，冷汗直流，因为老公出差在外，她只好让儿子叫车送自己去医院。谁知儿子看到她的异样后，竟然笑了起来，并指着她说："妈，你装的一点也不像。"然后便自顾自地玩起了手机，全然不顾已经痛不可忍的妈妈。

　　后来，还是李女士自己打 120 去的医院，独自检查、输液，去药房开药，一番折腾以后，李女士又痛苦又疲惫，回到家中恨不得马上躺在床上休息，于是便叫儿子自己拿手机点外卖。谁知儿子一听这话，突然站起来大声质问："我爸不在家，你就给我吃垃圾食物吗？你快去给我做饭，我都要饿死了！"

　　望着眼前冷漠的孩子，李女士一瞬间泪眼模糊了，如果不是身体实在虚弱，她真恨不得上去狠狠抽他一巴掌，她狠了狠心："你饿就自己点，不愿意吃就饿着，爱吃不吃吧。"说着，别过头不再理会儿子。小亮最后饿的没有办法，才一边抱怨一边点了一份快餐。

　　这件事令李女士伤心至极，她怎么也想不到，自己从小拿命宠着的孩子，竟然是一个活生生的"白眼狼"。

　　孩子的做法多么令人痛心，然而这一切究竟应该怪谁呢？很多父母也像李女士女士一样，认为爱孩子就该爱的无私，就该为孩子奉献一切，其实这种想法对错各半。

诚然，我们爱孩子，不应该掺杂太多私心，不应该计较太多，但在给予孩子无私之爱的同时，也不应该把孩子宠坏。我们在为孩子全力付出时还应该让他明白，所有的爱都是相互给予的，他所享受的一切，并非理所当然，他只有懂得回馈与感恩，才可以得到别人更多的爱。

小明今年8岁，跟同龄的孩子一样，他喜欢吃汉堡，喜欢喝碳酸饮料，喜欢各种新奇的玩具。妈妈因此也把他当成一个除了吃喝玩闹之外，其他什么都不会的小孩。不过，一次意外的机会让她彻底改变了这种想法。

前不久，小明家搬到了一个新的城市，小明也转进了一所新的小学。入学不久，学校组织家长见面会。在去学校的路上，妈妈开玩笑地对小明说："怎么办啊？妈妈还没有完全适应这个城市，在你们学校里，妈妈更是一个人都不认识，到时候你可要多帮助我啊！"

没想到小明一本正经地说："没问题，妈妈。我认识班级所有的老师和小朋友，包括每天接送小朋友的爸爸妈妈。"

妈妈看到小明一脸认真的样子觉得很有趣，但她也只是笑笑，并没有放在心上。

到了学校，小明开始履行自己的承诺，他尽责地陪妈妈到会议大厅，认真地把妈妈介绍给班主任和其他老师，又积极地向妈妈介绍班里的每一个小朋友，以及哪位是他们的爸爸或妈妈。

接着，小明把妈妈带到一个座位前，请她坐下，给她端来一杯温水，说道："妈妈，你先坐在这儿，别到处乱走，我去趟厕所，一会儿就回来。"

小明妈妈坐在沙发上，欣喜地看着突然间长大的孩子，她突然明白了一点，在孩子面前偶尔索取一点爱，实际上是对孩子责任心最好的鼓励与培养。

这真是一个温馨的事情，妈妈的一个小玩笑，让她看到了孩子懂事、有责任感的一面。世上没有不爱父母的孩子，但你家的孩子懂得爱父母吗？如果你希望得到孩子的关爱，那么至少先要让孩子知道你需要他的关爱吧！如果小明妈妈不表现出一副需要帮助的样子，孩子又怎么会主动去照顾她呢？看来能否让孩子有关爱之心，关键还是在于父母的引导。

爱心是孩子心理健康的一个十分重要的内容，尤其在儿童时期，孩子的身心发育最为迅速，是最关键的时候。因此，在这个阶段呵护孩子的爱心，对塑造他们的良好性格和健康行为都具有十分重要的意义。然而现在的许多教育方法更多的是关注孩子的智力开发，却往往忽视了孩子品德的培养，甚至可以毫不夸张地说，现在许多孩子在被教育的时期是处于感情教育的荒漠之中的。爱孩子不是只要让他（她）吃好、睡好、学习好就可以了，还要让孩子心存爱意，关心父母和他人。

事实上，孩子是乐于充当你的保护者的。如果停电时，你拉住孩子的手告诉他你很害怕，那么孩子一定会故作勇敢地抱着你："妈妈不要怕，我来保护你！"曾经有一个很顽皮的孩子，他的父母对他的任性不懂事一直无可奈何。有一次，爸爸要出差，就告诉孩子说，"你长大了，爸爸出远门后，你要照顾这个家，妈妈很柔弱，你要像男子汉一样保护她。"结果父亲回来后惊讶地发现孩子变了个样，他为爸爸拿拖鞋、揉腿，据说在爸爸出差的日子里，他每晚睡前都要检查门窗是否锁好，还常为妈妈倒茶、帮妈妈干活。这位爸爸为儿子的转变而惊喜，同时他也认识到这样一个道理：孩子对父母的关爱之心是需要培养的，是需要父母去引导的，不能只向孩子付出爱，而不向孩子索取爱。

别让你的更年期，撞毁孩子的青春期

在某中学的一次家长会上，很多家长纷纷表示，孩子自从上了中学以后，脾气就开始变坏，大人说的话根本听不进去，也根本不听，甚至很多时候故意和自己对着干。

西西妈表示："西西以前一直非常乖巧懂事，很听我们的话。可自从上初中以后，简直性情大变，我多叮嘱两句，她就嫌我唠叨，嫌我烦，我要是批评她，她就给我甩脸子，把自己关在房间不出来。真是太气人了。"

伟希爸爸马上附言："我儿子也是这样的，之前不仅听话乖巧，学习成绩也好。可从去年开始，就跟变了个人似的，学习积极性直线下降，整天看那些没营养的网络爽文，我批评他，不许他看，他就和我对着干，索性连我给他买的辅导资料都不看了，再这样下去，可如何是好！"

孩子听话，百依百顺，对于做父母的来说，自然是一件令人欣慰的事情。可是，进入青春期的孩子，根本不可能太听话。

作为父母，你也许不知道，进入青春期的孩子正处在成人感迅速增强，但心理却并不成熟的阶段，渴望得到成人的尊重，但他们对成人尤其是父母缺少基本的信任，总觉得父母"跟自己过不去"，也因此形成强烈的逆反心理，心灵的大门朝着同龄人开放，却对成人紧闭。这时候的孩子特别需要心灵关怀，需要理解和尊重，需要知心朋友。

如果在这个时候，做父母的不理解孩子所处的生理周期，一味要求孩子言听计从，百依百顺，便会产生巨大的逆差，"对抗"就这样发生了！如果孩子与家长各执一词，都完全不去考虑对方的想法，只想改变别人，不愿改变自己。那么时间一久，家庭教育、亲子关系都会出现大问题。

邵女士结婚较晚，50 岁时，女儿才上高中。她总是跟朋友诉苦，说自己的女儿越来越不懂事了，自己简直快要被她气死了。一天，女儿顶着一头"脏辫"回家，邵女士顿时火冒三丈，指责女儿把自己弄得像个小太妹，说着就拉女儿去卫生间，要求她把头发恢复原样。

女儿却一把挣脱她的拉扯，高声顶嘴道："我这发型怎么了？你自己土就不准别人有个性吗？"邵女士一时没忍住，扇了女儿一巴掌，女儿摔门而去，一走就是几天。

女儿回来后，开始逃学，和社会上一些不良青年混在一起，回到家里就把门一关，闷在自己的卧室里上网，也不和邵女士交流。邵女士的老公经常出差，经常连人影都看不到。一个星期后，邵女士终于忍无可忍，强行敲开女儿的房门，找她谈话，可女儿完全一副心不在焉的样子，任你"谆谆教导"，我就做我自己的事，邵女士的情绪又爆发了，冲着女儿大吼起来，忍不住又说了一些难听的话。女儿也不甘示弱，对邵女士反唇相讥，并当场表示要与邵女士断绝母女关系。一场母女大战后，女儿再次夺门而出。

随着年龄的增长，孩子的身心发生着巨大的变化。叛逆就像一颗等待萌生的种子，在孩子的身体深处蠢蠢欲动。这一时期的孩子，极度渴望被成人世界认同，渴望通过叛逆的行为来向世界昭示自己已经长大，再也不是父母眼里的小孩了，再也不是可以随便操控的"棋子"了。

然而，大人们接受吗？

一般人都承认孩子的叛逆是人生必经的过程，就好像毛毛虫不经过破茧而出，就无法变成美丽的蝴蝶。然而，对待自己孩子的叛逆，家长们大多不能像对待毛毛虫那样宽容，能够同情他的挣扎，期待他的成长。反而觉得万分苦恼，深怕这种叛逆，不只是打破成人惯有的权威，更能打破成人世界既有的秩序，于是就有了"面对叛逆的孩子怎么办"的问题。

其实，所有的叛逆都来自对束缚和限制的反抗。孩子所面对的，除了他本身就有的生理与心理的束缚外，还有周围成人所刻意营建的各种限制。在从前，他无法意识到这种束缚与限制，就是意识到了也无力反抗。随着年龄的增长，他们渐渐能够清晰地看待这个世界，一个新的自我在迷蒙中跃跃欲试。然而，成人的限制是那么的严密和牢不可摧，而成长的力量还不足以挣脱自身生理、心理和知识的束缚，这时候的孩子正承受着蜕变之苦，体会着前所未有的迷茫，所以就会产生种种叛逆的举动，目的只是想以此来显示自我的存在。

在家长指控孩子叛逆的同时，家长也正好暴露了这叛逆的根源——过度呵护所演变的压制。正是这种看似善意的温柔的束缚，让正在成长中的孩子无所适从。因此，家长在指责孩子不听话的同时也应该反省一下自己，是不是束缚了孩子的身心，是不是没有给孩子足够的空间和足够的理解。

要知道叛逆并不是什么不可原谅的错误，也不是什么无法解决的难题。家长要做的是帮助孩子，而不是让他们远离父母，远离家庭。因此，在这特殊的时期家长要做的就是观察孩子，了解孩子的真实想法。然后站在孩子的角度去帮助他们。

（1）家长首先要获得自我成长，伴随孩子一起成长，在自我完善的过程中，给孩子树立一个榜样，这样更能获得孩子的认可，能在潜移默化中影响孩子改变不良行为。

（2）要和孩子建立一种和谐关系，关系比教育更重要。家长要在建立这种关系的过程中，能够给予孩子被爱、被尊重、被理解的感觉。

（3）要找到多种方式教育孩子。青春期孩子的叛逆，主要体现在他不愿意接受家长的给予，尤其是强硬性的指示，如果家长能够通过其他方式，而不是单一的责骂甚至殴打，让孩子明白他该怎样做，就可以起到事半功倍的效果。

（4）要尊重孩子，给予孩子民主的权利。孩子进入青春期以后，他们的自我意识会在突然间变得很强大，父母应该充分理解并且尊重这份独立意识与成人感，尊重孩子的家庭地位，给予孩子在家庭中的民主权利。

（5）要艺术性地批评孩子。当孩子犯了错，我们首先要耐心询问："为什么这么做？"要了解孩子犯错的原因和动机，千万不要不分青红皂白劈头盖脸就是骂。青春期的孩子非常渴望受尊重，横加指责会让他的自尊心受到伤害。于是他会表现出"叛逆"和"不服从"，以此来表达他心中的不满。孩子连你批评的方式都无法接受，又何谈接受你的意见和建议呢？

父母在批评孩子时，首先要站在孩子的角度想一想，不能一味蛮横指责，甚至羞辱孩子，而应该把握好分寸，使批评的话说得恰到好处。需要特别注意的是，在批评孩子时，应做到不要抨击孩子的人格，而应就事论事，单就他的一次行为或举止进行批评，这样就可以避免刺激到他的自尊心了。

（6）允许孩子"辩解"。当孩子为自己所做的事与父母争辩时，父母千万不能斥责孩子"顶嘴"，要给孩子充分的辩解机会；当孩子与他人争执时，家长也不需要立即去调解纠纷，可以在旁聆听和观察，看他说话是否合理，是否有条理。

总之，面对青春期的叛逆孩子，父母首先应该调整自己的心理状态，并充分了解孩子的内心世界，才能更好地教育青春期的孩子，并融洽这一时期的亲子关系。

孩子心心念的"到时候"，到底是什么时候

在中医院的门诊候诊区，一个年轻妈妈和她的孩子坐在那里。孩子突然问妈妈："妈妈，到时候是什么时候？"

妈妈没有听明白，问道："什么是什么时候？"

"到时候！"

"你为什么问这个？"

"哦，因为你经常答应我说'到时候带你去游乐场''到时候给你买那个娃娃'，所以我想知道，'到时候'究竟是什么时候？"

妈妈显然被问住了，她一时不知该如何回答，只好敷衍孩子说："到时候你自然就知道了。"

"又是到时候，可是到底什么时候才到时候？"孩子显然不满意这个答案，她低下头想了一想，失落地说道："妈妈，我知道了，看起来'到时候'永远不可能到来了。"

"小孩子不要那么多问题，妈妈说过的话，到时候自然就会兑现了！"妈妈以严厉的口吻呵斥道，顿时，两人之间一阵寂静。

爸爸妈妈们请回想一下，生活中我们是不是也常对孩子许诺"到时候"，如"到时候我们会去野营"等等。但是，"到时候"从未来到过。

"明日复明日，明日何其多？我生待明日，万事成蹉跎。"我们为孩子的拖沓头疼不已，一再要求他们今日事今日毕，可是又有多少家长曾想过，我们是否为孩子做好了这个表率？我们又有多少的"到时候"没有兑现。

其实家长和孩子之间，也需要有一种契约精神。

契约就是双方经过谈判，都表示同意的一种对双方均有约束力的约定，可以是口头的，也可以是书面的。双方必须遵守，不得违反约定。契约的本身带有一种平等的性质，是建立在双方都同意的基础上的。有些父母为了纠正孩子拖延的毛病，会口头许诺一些或精神或物质上的奖励，但往往当孩子真的做到了，做父母的却又忽略了当初的许诺。这种情况下，孩子就会觉得爸爸妈妈说话不算数，答应了条件又变卦取消。父母子女之间因此形成对立的局面，孩子会觉得自己的努力毫无意义，因而恢复原状，甚至故意唱反调，父母越不喜欢他就越拖延。

有一位母亲说了这样一个故事：记得在一个星期六的晚上，我们答应儿子在星期天带他去他的好朋友家玩儿，当时儿子高兴得连蹦带跳着喊起来："噢，明天要玩儿去了……"可是到了星期天，因家里有事，尽管我一再给儿子说爸爸、妈妈没空，以后再带你去，儿子仍然很委屈地说："那次你们就说带我去的，这次又骗我……"

看着儿子那失望的眼神，一种难以言状的自责，一种对孩子的愧疚感涌上心头，作为一名幼教工作者，一个母亲，我应守信用，不能不遵守诺言，于是我对儿子说："好吧，儿子，等妈妈把事办完一定带你去，即使晚点也一定去。"我们在许多场合，经常看到一些跟父母斗气的孩子，父母让他做什么他偏不做，父母让他快他非要慢，可能就是因为父母的许诺没有兑现。有的孩子会气愤地说："妈妈骗人，爸爸骗人。"

大量的事实证明，为人父母者须切记：做不到的事绝不要乱许诺，平时不要轻易许诺。有的父母为迎合孩子的心理，不论孩子要求什么都一一答应，今天一块巧克力，明天一块棒棒糖。而当许诺不能兑现时，孩子就会认为你说话不算数，对你失去信任和尊敬，渐渐地不听你的许诺，或者模仿着来对待你，甚至养成说谎的习惯。为培养孩子的优良品格，请父母对孩子也要遵守诺言。

事实上，利用契约形式来督促孩子改掉自身的毛病，是个非常不错的方法。这种方法既可以规范孩子的行为，也可以规范父母的教育方式，因而能够建立起父母与子女之间的一种正常关系。建立这种关系可以培养孩子的公平和公正意识以及遵从正确教导的行为习惯。这种关系一旦建立起来，孩子的很多毛病，如任性、固执、拖延、懒惰等，一般都会得到很好的改善。实践证明，很多自己管不住自己的孩子常常都通过订立契约而解决了很多难以解决的问题。

只是使用这种方法，父母必须要讲信用，这是前提，另外也不要变相地为难孩子，否则孩子是很伤心的。

一位六年级的女学生在一篇题为《累人的零花钱》的作文中这样写道：爸爸妈妈说好每个月给我五块零花钱，当时我的心里是很高兴的。可是后来才发现，要把这五块钱"挣"（我实在是只能用这个词了）到真不容易。父母给我这五块钱是有条件的——一个月不迟到早退，做作业要快速，积极做家务，搞好个人卫生……

这些事情都是应该办到的，可是要百分之百就不是那样容易的了。特别是要听"父母的话，父母叫干什么就干什么，不能有半句怨言"，这就太难为人了。

到了星期天，妈妈的话特别多，一会儿叫干这样，一会儿又叫干那样，刚想看一会儿电视，"命令"又下来了："洗碗去！"只要稍微慢半拍，妈妈就会立即说："这个月的零花钱是不是不想要了？！"

刚一拿起卡通书，妈妈又发话了："做功课去！"这五块钱对我还是有诱惑力的，所以只好忍气吞声照办，因为我还想着用这钱去买我早就想得到的东西，如课外书、文具，还有一块巧克力……

可是我每个月的计划总是落空，因为我实在无法完全达到父母的要求。

特别是昨天，一个月的最后一天，看着这"诱人"的五块钱就要到手了，可是意外的事情还是发生了：我在拉窗帘的时候由于用力过大，把窗帘钩给拉断了。这一下我可犯下了"滔天大罪"，父亲亲自出面，把我整整数落了一个小时，并当场宣布取消我一年的零花钱，因为父亲说修窗帘钩起码要花一百块钱。我沮丧极了，自己居然犯了这么大的错误。

今天，修窗帘的工人来了，我在屋里听到爸爸与人家讨价还价，最后以二十元钱成交。原来爸爸说的一百块钱是为了吓唬我……

我好伤心，不想给我零花钱就直说吧，何必这样转弯抹角，何必找我这么多茬!

真想问问这个孩子的父母，这样做到底累不累？我们不敢说这个孩子的话就是"对"的，但是作为父母，如此对待一个六年级的学生未免太苛刻了吧。设置奖励，就应该让孩子有可能得到。如果那奖品高不可攀，对孩子又有什么激励作用呢？难怪孩子这样"义愤填膺"，发表"檄文"声讨父母。

事实上，有的孩子做事拖拉就是对父母的软性对抗，他们用拖拉来表示不满，拒绝合作。因此，父母要清楚孩子这样做是否在于自己家庭教育方式的不恰当。父母不要一味地责问孩子，而是要听听孩子的心声，经过共同探讨协商，才会有助于孩子做事效率的提高。

第六章

问题行为破壁，
父母需要一份顶级耐性与觉知

　　一百个孩子可以有上万种方法让父母抓狂。孩子们总是"自成道理"，他那"自洽"的逻辑往往更是让你七窍生烟，面对指摘，他们又总是一副受伤"小兽"的模样，难道你只能偃旗息鼓？孩子的问题行为破壁，其实父母只需洞悉问题行为背后的问题。

不受欢迎的孩子，是因为分不清自由与规矩

在一列驶往郑州的高铁上，车厢里有两对年轻父母，各自带着一个五六岁的孩子，看样子是一起的。

没多大工夫，两个孩子就不安分了，先是在车厢里跑动打闹，时不时撞一下坐在过道位置的乘客。后来回到座位上又开始高音对飙，大喊大叫，而身旁的父母们则始终在声音洪亮地高谈阔论。丝毫没有顾及周围乘客的感受和管教孩子的意思。

有乘客不胜其烦，提醒他们稍微注意一下，其中一个男的大声嚷了起来："你家没有孩子吗？你家孩子不会动、不会说吗？再说，我们有说话的自由！"

结果，两个人越说越激烈，差点没动起手来，幸亏乘务人员及时调停。接下来，两个孩子闹得更欢了。

其实，遇到这种情况，我们对于那些"招人烦"的孩子是应该给予同情的，而真正让人厌恶反感的，是他们的爸妈。

孩子就是父母的一道影子。如果父母本身就是不受欢迎的人，往往孩子的行为和为人处世都会受到很坏的影响。粗俗浅陋的父母，往往会教养出粗鲁无礼的孩子。没有规矩的父母，也很难教出有规矩的孩子。孩子被这样的父母教育，难道还不让人同情吗？

孩子还很小，其实他们并不能真正意识到，自己的行为是令人厌恶的，他们也根本读不懂，别人看他们的眼神里包含着什么。但是以后，别人家父母见到他可能会带着孩子躲着走；小朋友们在一起玩的时候可能会把他屏蔽在外；甚至他长大以后，会发现自己并不被社会所接纳，他们要付出很大的时间成本与精力，也未见得能重新找回人际交往中的融入感。

放学后，小明带了两个同学来家里玩。妈妈赶快吩咐小明将自己的玩具拿出来，和同学们分享，又洗了两盘水果拿了些糕点给他们吃。

其中一个女孩，看上去就比小明和另一位男同学"胆子"大很多。三个孩子一进门，女孩就主卧、次卧、客厅、厨房看了个遍，小明妈起先觉得孩子好奇，没什么不妥。但没一会儿，她就自己打开冰箱找吃的，小明妈没有阻止，因为不想给小明的同学留下不好的印象，更不想让明明尴尬。又过了一会儿，兴许是吃饱喝足了，她开始在屋子里东翻翻，西看看，最后走到小明妈的电脑旁，翻起她正在校改的那本书稿，看样子，似乎还想抽出几张去做手工。这可不行，毕竟是有用处的东西，小明妈连忙阻止，"宝贝，这些纸阿姨工作要用的，可不能拿来叠飞机，你想叠的话，阿姨给你找些废纸。"整个过程和颜悦色。

女孩看了看小明妈，似乎还有点不满。小明妈当时就觉得，这个孩子好像缺少规矩，乱动别人的东西而且不打招呼。

后来，听小明班上的一些妈妈说，几乎没人喜欢这个女孩，大家都从心里不愿意让孩子把她往家里带。

而她为什么会这样呢？跟她的家庭有很大关系。

听她家附近的学生家长说，她爸爸爱喝酒，经常让她去楼下的商店"拿"酒、"拿"烟，都是先拿了以后再付钱；她妈妈性格大大咧咧，跟谁都自来熟，带她去别人家做客，有吃就吃有喝就喝，从来不知道客气和推让。

孩子为什么不受欢迎？显而易见，问题往往出在父母的身上。就是这样的一个家庭，让一个好端端的孩子，成了一个不受欢迎的人。

美国心理学家杜布森在《勇于管教》一书中写道：

如果悬崖边上设有栏杆，那么人就敢靠着栏杆往下看，因为不会害怕摔下去，否则，大家在离悬崖很远的地方就停住了。

栏杆就是我们给孩子设定的界限，没有界限的孩子不知进退，因为他们不知道安全的尺度在哪里。

如今，教育上一直在强调"自由"。当我们谈规矩时，很多父母会觉得这是对孩子的限制，担心会伤害孩子的天性发展。

其实，"自由"和"规矩"从来不是单选题。

过度的自由，会让孩子放纵成性，没有规矩，不懂礼貌，不懂尊重；过度的限制则会让孩子畏畏缩缩、呆板僵化，或是激起叛逆，反其道行之。

我们必须认识到，自由和规矩是可以也是必须统一的。

事实上，孩子往往能够从父母的言行举止、语气、眼神中揣摩出父母的态度，然后他们会根据父母的态度选择自己的行为。因此，当孩子的行为超越规范时，首先要及时阻止他，然后以温和的态度，但足够坚定的眼神和语气，最好是蹲下来，看着他的眼睛，告诉他："这样，不可以。"

还有一点，就是我们一再强调的"欲正人者先正己"，想要孩子遵守规则，我们首先要做出表率，而不是要求孩子必须守规矩，自己却随心所欲。

真希望每一个孩子，都能够被这个世界温柔以待，但在此之前，我们要教会孩子，如何正确地对待这个世界。

如果孩子始终不懂礼貌，大概是本质问题你没教

妈妈正在跟亲友闲谈，7 岁的孩子走过来拉着她的胳膊说要喝苹果汁，而且是马上。

妈妈说："乖宝贝，稍等一会儿，我就给你去拿。"然后又回过身和亲友交谈起来。

孩子突然大叫道："妈妈，你赶快去拿！"

孩子这样无礼，使妈妈感到尴尬，但更令她感到担心的是，孩子这样对她不是一次两次了。

"孩子在家里经常用这种粗鲁的态度说话，而平时我不甚注意，这次我之所以注意到她的态度，是因为她是当着客人的面这么说的。"

很多父母在孩子刚开始表现出不礼貌的行为时，都觉得是童言无忌。

他们甚至觉得孩子做出的不礼貌举动，说出的不礼貌语言，"萌萌的"，很好笑。

而孩子看到父母的逗弄和欢笑，他们则会觉得，自己这么做是

对的！

我们经常这样自己安慰自己——"孩子还小"，但你现在不教他懂礼貌，准备什么时候教呢？

或许，有些父母还不明白礼仪对一个人的重要性！

礼仪是人与人之间沟通、交往的基础与前提。相对而言，懂礼貌的孩子更容易得到人们的喜爱，成为一个受欢迎的小家伙。因此，我们要从小培养孩子文明有礼的好形象，这会使我们的孩子更易融入社会。

从交际的角度来看，礼仪可以说是人际交往中适用的一种艺术，一种交际方式或交际方法；是人际交往中约定俗成的示人以尊重、友好的习惯做法。

从传播的角度来看，礼仪可以说是在人际交往中进行相互沟通的技巧。

从个人的角度来看，一是有助于提升人们的自身修养；二是有助于美化自身、美化生活；有助于促进人们的社会交往，改善人们的人际关系；还有助于净化社会风气。

从团体的角度来看，礼仪是团队文化、团队精神的重要内容，是团队形象的主要附着点。大凡国际化的企业，对于礼仪都有高标准的要求，都把礼仪作为企业文化的重要内容，同时也是获得国际认证的重要软件。

因此，学习礼仪，懂得礼仪，不仅是时代潮流，更是提升孩子竞争力的现实所需。

其实，很多家长也很注意孩子的礼仪培养，当孩子有不礼貌行为时，他们就会训斥、批评。

然而，不知道家长们有没有想过这样一个问题：孩子知道礼貌的概念是什么吗？他们能够分清什么行为是有礼貌的，什么行为又是没礼貌的吗？

一个 5 岁的女孩在被妈妈多次批评没礼貌之后，问妈妈：你老说我不懂礼貌，到底什么叫礼貌呀？

直到此时，妈妈才醒悟，一个刚 5 岁的孩子对于抽象的礼貌是不理解的，因而也无法要求她有礼貌的行为。要想把孩子培养成彬彬有礼的小公主，第一步应该是告诉她什么是礼貌，为什么要讲礼貌。

万里是一位品学兼优的省级三好学生，他的父母是这样教育他的：

在早期教育当中，他们除了开发他的智力外，也同步进行着文明行为的训练，培养孩子彬彬有礼的习惯。例如，在宴席上，他们让孩子坐在椅子上，默不作声地吃大人夹给他的饭菜。咳嗽时，他们提醒孩子要对客人说"对不起"。饭桌上，孩子不小心把饭粒掉在地上，他们抓住他的小手，一边拍打其手心，一边提醒他不许再犯。饭后，孩子要保姆替他取水，他们提醒孩子，不该随意让别人帮自己做事，若是非麻烦别人不可，一定要说"请""对不起""麻烦您""谢谢"等礼貌用语。

凡是见过万里的人都说他气质好、彬彬有礼、落落大方。这也是从小到大逐步养成的。在早期教育当中，万里的父母除了开发他的智力、增加灵气、培养能力之外，也同步进行着文明行为的训练。他们的目标不仅仅是要培养出一个聪明的孩子，也要培养出一个文明的孩子。从徐万里学会说话，能够听懂一些简单的提示和要求时起，他们就有意识地在各种场合下，告诉他应该怎样做。比如，早晨离开家时，要和家里人说"再见"，到了幼儿园要问"阿姨好""小朋友好"等等。徐万里是坐医院通勤车长大的，在通勤车上，医护人员还教他学会分辈儿，当他准确地称呼"爷爷""奶奶""叔叔""阿姨"时，那稚声稚气的样子着实惹人喜爱。

其实，万里父母的这些教育，许多父母都做了。为什么有的效果差些呢？原因有两个：一是不能一以贯之地坚持下去；二是父母对孩子要求是一回事，自己却未能以身示教，使孩子感到迷茫，不知如何是好。

因此说，我们要培养出一个礼貌文明的孩子，就要利用一切机会培养孩子讲礼貌的习惯，持之以恒，反复训练。

礼仪需要从小学习，因此礼仪教育也是家庭教育的一大重点。然而，到底怎样才能培养出彬彬有礼的孩子呢？

培养孩子文明礼貌的习惯，要从一点一滴做起。父母可以从以下几个方面入手：

（1）为孩子树立榜样。古语说："已正而后能正人。"父母若要孩子礼貌待人，首先自己要做表率，父母对孩子的影响最直接、最深刻。父母的身教是对孩子最生动、最实际的教育。父母应充分利用家里来客的有利时机提醒孩子，给孩子示范，使孩子在亲身体验和实践中理解文明、礼貌、热情的含义，并通过父母的行为潜移默化地影响孩子，使孩子在耳濡目染的环境中，逐步形成礼貌待人的品德。

（2）让孩子知道什么叫礼貌。父母应该有意识地在不同场合、根据不同对象教给孩子具体的做法。例如，对长辈说话时要使用"您"，早上主动向认识的人问好；分别时要说"再见"；请求别人帮助时要用"请"；得到帮助后要说"谢谢"；对长者不能称呼姓名或叫老头，而要称呼"老爷爷"、"老奶奶"、"叔叔"、"阿姨"等；别人工作时不去打扰；不随便打断别人的谈话；不任意插嘴；家里来了客人要有礼貌地回答客人的问话；到别人家里不随意动东西……

（3）反复练习形成良好习惯。好习惯的养成，不是靠说出来的，而必须通过不断地练习才能形成。在告诉孩子什么是礼貌之后，父母要创造条件，让孩子在多次重复的基础上，自觉地去做，习惯成自然。比如，每天都要搭乘电梯好几次上下楼，可以教孩子一走进电梯先向开电梯的叔叔、阿姨或爷爷奶奶问好。别人帮着按了楼层，要说谢谢。离开电梯时，要向电梯里的人说再见。每天这样练习，他自己就会主动地问候了。另外，家长还可以让孩子去给邻居送信、水果等，教他如何敲门，怎样和叔叔、阿姨讲话等。

（4）及时制止孩子的不礼貌行为：让孩子明白，你愿意在他对你有礼貌时，答应他的要求，而不喜欢听到他命令你。

这当中要注意的是，你自己与孩子说话，也不要用命令的语气，因为孩子的模仿力是极强的，父母就是他人生最重要的第一任老师。你应该经常对你的孩子说"请""谢谢"，让他明白礼貌用语是日常交流的一部分。

（5）对孩子的表现做出评价。对孩子的行为做出评价，通常是刺激孩子学习的最佳催化剂。客人在时，父母对于孩子良好的表现可以表扬、鼓励；客人走后，父母也可以对孩子的表现做出评价，肯定做得好的地方，指出不足以及今后要注意的地方。

这里需要指出的是，孩子在接待客人中出现了失误，如打碎了茶杯、弄脏了饭桌，父母千万不要当面批评，要保护孩子的积极性，对待孩子的过失要重动机轻结果，要原谅孩子由于缺乏经验而出现的过失。

（6）表扬孩子的礼貌行为要具体。"鼓励"应该贯穿于教养子女的全过程。对那些已养成坏习惯的孩子，表扬就更为重要。父母应留心孩子的行为，尽可能地鼓励他偶然的礼貌行为。

不过，要让孩子明白你为什么表扬他。你应该在表扬他的时候，具体说明你表扬他的原因。家长们往往只说"好孩子！""真不错！"实际上，应该具体地说："你刚才要糖吃的时候说了'请！'真是个好孩子！"或者"你刚才排队等其他小朋友领完冰激凌才自己领，做得真不错！"你的表扬要具体明确，这样孩子才知道自己的好表现会得到你的肯定和鼓励，应该坚持下去。

（7）要培养孩子养成对人对事最基本的礼仪。坐有坐样，站有站样。这也是一种文明礼貌。说话要和气，要轻声。有的父母说话大声嚷嚷，孩子也会学着父母的样子。那么，我们要不要培养孩子大声说话呢？只是在面对大家说话的时候要稍大声一些，让大家听得见，平时说话要轻轻的。

一个人在社会上生存，要想让别人尊重自己，首先要学会尊重别人。从小就让孩子知书达礼，能为孩子将来的社会交往铺垫好和谐融洽的气氛，能够使孩子轻松建立、保持、改善人际关系。这对孩子来说，将是莫大的裨益。

孩子心思狭隘，以"共情"打开孩子的胸怀

孩子上小学一年级了，爸爸开着自家的"雷克萨斯"把儿子送到学校，他认为自己的儿子聪明、漂亮、机灵，一定会成为班里的佼佼者。

果然不出所料，三天后，孩子放学后兴高采烈地向父母报告："老师让我当班长了！说我学习好、聪明、能力强！全班同学里只有我获得的表扬最多，其他的孩子都不行！"

爸爸妈妈也很高兴："就是嘛！谁能比得上我儿子呢！"

然而，半个学期没过去麻烦就来了。孩子回家后，总是拉长了脸，向妈妈数落自己的同学不好：书安只不过会跑步，大家都捧他，但其实他是笨蛋；浩宇只不过长得高点，有什么了不起的，穿得那么土……而且他还向妈妈抱怨同学都嫉妒他，不理他。

结果妈妈向老师一问才知道，原来孩子在班上总是表现得心胸狭窄，如果班上有哪个同学在哪方面超过了他，他就会反应强烈，甚至诽谤人家，因而同学们都疏远他。

不仅如此，孩子也不能接受老师的批评。有一次，老师说他学习好，工作能力强，就是工作方法上存在着一些问题，同学关系有时会出现一点紧张，希望他能稍微改变一下。老师说得很委婉，也很诚恳，但心胸狭窄的孩子根本听不进去。为了这件事，他一连几天拉长着脸，也不说话，他觉得太不公平了，老师怎么能这样对他呢？

孩子总因为一些琐碎的小事而生闷气，妈妈看在眼里，急在心里，她越来越为儿子担心，她担心儿子这样的性格将来交不到朋友，适应不了社会。

事实上，心胸狭窄的孩子多是人际关系中的失败者。

心胸狭窄使孩子不能容忍别人，他们眼里只有别人的短处，嫉恨别人的长处，结果使朋友越来越少，快乐无人分享，痛苦无处倾诉，有困难无人帮助，致使心胸更加狭隘，难以解脱。

而且，心胸狭窄的孩子，基本难成大器之才。

一个人的成就，往往与他的格局和胸怀成正比。心胸狭窄的孩子，对人对事以自我为中心，任性而为，不肯接受别人的建议，缺乏容人的气量，遇事不满就牢骚满腹，将责任归咎于他人，这样的人不会得到别人的鼎力相助。

没有豁达心胸的孩子，即便他真的很聪明，很有能力，也会因为无法与人合作而被社会淘汰。

退一步说，哪怕单纯是为了孩子，我们也应该帮助孩子扩充自己的心胸，这也是孩子身心健康发展的保障。

那么问题来了，为什么小时候那么天真可爱的孩子，会变得越来越心胸狭窄呢？

孩子心胸狭窄并非天生，而是后天养成的。父母不当的教育方式是一个很重要的因素。

（1）生活环境影响。

现在的孩子多为独生子女，在家庭中，孩子就是一切，爷爷奶奶、爸爸妈妈整天围着一个孩子转，孩子就是"小太阳"，孩子的要求从不会被拒绝。长此以往，孩子就形成了一种错误的认识："我"是最好的，谁都不如我。因此，当孩子走出家门，面对更广阔的世界时，难以接受别人比自己强的现实。

（2）教育环境影响。

家长望子成龙心切，很早就开始进行超越孩子承受能力的教育，使孩子失去了天真烂漫的个性和敞开胸怀接纳大自然的机会，缺乏同龄间的嬉戏。再加上万般宠爱集一身，更难以培养出谦让、爱人的优良品质。进入幼儿园或学校这个集体后，成绩至上的学习氛围，使孩子经常放弃课外活动，放弃相互帮助，并引发妒忌、不正当竞争、自卑、自伤等，稍不如意即暴躁易怒，带有强烈的神经质特点。

（3）家长的性格和教养方式对"我"的影响。

父母的性格、爱好、习惯对孩子的言传身教作用很大，对孩子性格的形成起着奠基作用，甚至许多孩子的性格完全是父母性格的翻版。因此，如果父母平时斤斤计较、心胸狭窄的话，那又怎么来要求孩子呢？

其实，孩子早期的行为，绝大多数是从父母身上模仿而来，不管是待人接物，还是学习生活，都能够在父母身上找到影子。因此，若你豁达大度，与朋友邻里和谐相处，那么孩子自然而然就会变得宽容友善。

孩子就像一张纸，简单、干净而纯粹，他们也很容发生变化，变得豁达，或是变得狭隘，而他们怎么变，则取决于自己的爸妈。

父母要通过自己的潜移默化，拓宽孩子的格局，就像孩子学舞蹈一样，越早培养，就越能挖掘他们的柔韧性，越早培养，孩子的接受能力就越强。

（1）以身作则。父母让孩子学会大度，首先自己应有大度的品质。如果父母本身心胸狭隘，无视他人的意见，习惯于将自己的意志强加于人，不给人改错的机会，为一点小事争执不休，为一点小利而斤斤计较，孩子又怎么能大度呢？父母宽容、大度、遇事不斤斤计较，孩子就会学着父母的样子处理自己与同学之间的关系，也会变得有容人之量。

（2）增加孩子的社交活动。孩子心胸狭隘的一个重要原因，就是从小和同龄孩子接触太少，父母处处对孩子忍让，孩子从来不能站在别人的角度考虑问题，完全以自我为中心。因此，父母应多提供机会，让孩子经常与小朋友交往。在交往中学会宽容、体谅他人；提高人际交往能力及社会适应能力，养成良好的性格。

（3）不护短，不偏袒孩子。当孩子在交往中遇到矛盾和纠纷时，父母千万不要偏袒自己的孩子，这样做会让孩子错误地认为自己的地位是特殊的，别人都比不上自己，都要让着自己。

（4）不妨让孩子体验一下心胸狭窄的害处。父母要让孩子认识到，如果一个人总是心胸狭窄，别人就会讨厌你，或不喜欢和你做朋友，而且做错事时也得不到别人的原谅，会被彻底地孤立起来。这样孩子就会认识到，心胸狭窄是一件不好的事，并慢慢地摆脱这种坏习惯，心胸变得开阔起来。

（5）引导孩子去共情。父母可以通过角色互换的方式，引导孩子设身处地站在别人的角度看待问题，以此来反省自己的行为，摆脱内心的灰暗情绪，学会善待别人。

这天，莹莹一回到家就开始发脾气，嘴里不停地嘀咕："哼，我非和她绝交不可！"

妈妈看到林莹莹这副模样，便走过去询问："怎么了？满脸的不高兴。"

莹莹回答："说起来我就生气，我们班那个小燕，竟然把我借给她的 CD 弄坏了，那盘 CD 可是绝版的，现在有钱也买不到呀！你说气不气人？"

妈妈这才明白了女儿为何如此生气。她拉着莹莹的手，慢慢说道："小燕不是你最好的朋友吗？我还记得上次文艺晚会，你借了她的鞋子参加表演，后来好像还把人家鞋子的鞋跟给弄断了，对吧？小燕最后不是丝毫没有责怪你的意思吗？"

莹莹被妈妈这么一问，脸突然红了起来："对呀，小燕对我很好的。"

妈妈接着说道："所以，她一定不是故意弄坏你的 CD 的，说不定她比你还难受呢。孩子，何不宽容一下别人的错误呢？"

莹莹点点头，心想明天上学的时候，一定要告诉小燕，自己不生气了……

豁达意味着理解，不斤斤计较。父母们在日常生活中，要教育孩子不能只看到别人的短处，不能看不起别人，不要斤斤计较。

比如，当孩子抱怨："我的那本《格林童话》小红都借了快两星期了，她还不还给我。"父母可以这样回答："没关系，她可能看书比较慢呀，对不对？上次她把网球拍借你玩了那么久呢。你还有很多书可以看呢，别着急呀。"

当听到孩子抱怨："我恨死××了。"父母们要注意了，这是个危险的信号，要适当地开导孩子："为什么呢？"要教导孩子多看看别人的好处，不要把别人的缺点记在心里，要豁达大度地对待别人。因为只有豁达待人，才能获得别人的爱戴与敬重，才能赢得更多的朋友，才能更好地和别人沟通和交往，才能建立和谐的人际关系。

孩子不愿意表达，4招让他爱上说话

有个孩子，非常听话，可是有一点，他就是不爱说话。平时做完作业，他就喜欢读书或者看电视，很少同父母一起交流、谈心。孩子的爸爸妈妈平时也是大忙人，不是很重视孩子这方面的表现。

一天，孩子和爸爸妈妈一起看电视。爸爸和妈妈在讨论哪一个动画人物形象更好一些，坐在一旁的孩子却一言不发。

妈妈觉得每一个孩子看到动画人物，都会情不自禁地说上几句，爸爸也意识到孩子实在太安静了，家里几乎听不到他的声音，于是问道："儿子，你喜欢哪一个呢？"

孩子见爸爸问自己，想也没想就回答："都差不多。"

妈妈接着引导："我喜欢小熊猫。你觉得怎么样呢？"

孩子说："嗯，可以。"

爸爸和妈妈互视一眼，暗中摇了摇头。

后来，家长从孩子的老师、同学那里得知，这孩子碰到说话、发言的事情就往后躲，上课回答老师问题从不举手，偶尔被老师提问到，他便会满脸通红、吭哧吭哧地说不出话来。

在现代社会，随着经济的迅猛发展，人与人之间的交往日益频繁，语言表达能力的重要性也日益增强，好口才越来越被认为是现代人必须具备的生存能力。

生在这个时代的孩子，长大以后，不仅要有新的思想和见解，还要在别人面前很好地表达出来；不仅要用自己的行为对社会做贡献，还要用自己的语言去感染、说服别人。

就职业而言，现代社会从事各行各业的人都需要口才：对政治家和外交家来说，口齿伶俐、能言善辩是基本的素质；商业工作者推销商品、招徕顾客，企业家经营管理企业，这都需要口才。

在人们的日常交往中，具有口才天赋的人能把平淡的话题讲得非常吸引人，而不善表达的人，就算他讲的话题内容很好，人们听起来也是索然无味。有些建议，口才好的人一说就通过了，而不善表达的人，即使说很多次可能都无法获得通过。

所以可以断言，语言能力是孩子提高素质、开发潜力的主要途径，是孩子将来驾驭人生、改造生活、追求事业成功的无价之宝，是孩子通往成功之路的必备利器。

拥有良好谈吐的孩子，长大以后，无论走到哪里都会受到重视，比一般人拥有更多、更好的发展机会。

美国人类行为科学研究者汤姆士指出："成名是说话能力的结晶。说话能力能使人显赫，鹤立鸡群；能言善辩的人，往往受人尊敬、爱戴和拥护。它使一个人的才学充分扩展，熠熠生辉，事半功倍，业绩卓著。"他甚至断言："发生在成功人士身上的奇迹，一半是由口才创造的。"

那么问题来了，如果你的孩子就是不爱说话，不喜欢表达，你该怎么办？

请注意！婴幼儿期是语言能力发展的关键期，尽早使孩子学会语言、学好语言，是发展智力，发展口头、书面表达能力，理解知识能力的前提。语言能力的培养要从"呀呀"学语阶段开始，贯穿整个孩童期。父母的责任不可谓不大。

（1）父母要学会倾听，满足孩子说话的欲望。一般情况下，孩子回到家里见到父母通常会把发生在自己身边有趣、稀奇的事情说给他们听。这时父母应认真倾听孩子的讲述，并要用一些神态、身体语言让孩子感觉到正听得很投入。如果父母正忙着没时间听，要态度温和地跟孩子商量："你看，爸爸（妈妈）正忙着呢！等会儿我坐下来仔细听，好吗？"因为孩子在讲话前总是一腔热情，这样一说，孩子就不会感觉很失望。

（2）父母还要学会引导、激发孩子的说话欲望。那些性格内向的孩子常常喜欢独自一人玩耍，默默地做事，父母对待这样的孩子要千方百计地引导他说话，把他说的欲望给激发出来。比如，问孩子一些问题，尽量避免问那些只需要孩子点头说"是"或摇头说"不是"，"有"或"没有"这一类问题。可以问他一些学校里的情况，如"老师是怎样夸奖你的？""班里和你最要好的同学都有谁？"

（3）父母要学会指导、帮助孩子把话说准确、完整。孩子说话时可能会出现用词不当、前言不搭后语等现象，父母在倾听的过程中，要随时帮助他选用正确的词汇，要求孩子有准备地搭配语言，让孩子把话讲完整，教孩子把想讲的话联系起来思考后再讲出来。长期下来，孩子语言的准确性就会不断提高。

（4）父母要注意提高孩子的思辨能力。由于孩子的知识面较窄，接触外界的机会相对要少，辨别能力比较低，所以他们说的话常会与客观事实不符。父母在倾听的过程中，应注意把握孩子的说话内容，并做出肯定，给予正确的判断。在父母与孩子共同的评析过程中，孩子思想的准确性、深刻性会变得更好。

其实孩子爱不爱说话，主要跟环境有关，家里人多说，孩子的语言能力也强。

因此，不管你有多忙，都要抽出一些时间和孩子交流。

如果有条件，常带孩子出去走走，让他多见见人，多见见世面，多与陌生人交流。

哪怕孩子说得不好，也要鼓励他。孩子如果能得到你的正确引导和鼓励，终究是可以畅所欲言的。

孩子嘴巴刻薄，务必教会他择言而说

先讲个小笑话：

有一个人请客，四位客人有三位先到。

这人等得焦急，自言自语道："哎！该来的还没来。"

客人甲听了，心中非常不快："这么说，我就是不该来的来了？"说完告辞走了。

主人急了，说："不该走的又走了！"

另一客人也不高兴了："难道我就是那该走又赖着不走的？"一生气，站起身也走了。

主人苦笑着对剩下的一位客人说："他们误会了，其实我不是说他们……"

话未完，最后一位客人也走了。

不重视说话的人常不带着脑子说话，往往得罪了人自己还不知道。

在社交场合，语言是最简便、快捷、廉价的传递信息手段。

一个说话得体、有礼貌的人总是受欢迎的；相反，一个说话张狂无礼的人总是受人鄙视的。

一个善于讲话的人，通过出色的语言表达，可以使人对他产生好感，可以与他人友好相处；而一个不善于表达的人，往往会因自己与他人的沟通得不到改善而活成一座孤岛。

相对于孩子来说，"童言无忌"是很多家长默许的潜规则，认为不管孩子说什么，大人都不该往心里去，更不要过多地去要求孩子。

实际上，问题并没有那么简单，如果家长总是以这种想法和态度来教育孩子，那么最终会导致孩子认为，不管自己做什么事情、说什么话都是对的。因此，可能会说出更多不切场合的话。

我们再来看看网友"艰苦辣妈"的尴尬。

"艰苦辣妈"愁眉苦脸，回忆起了从前：

我儿子四岁那年，回娘家过年，傍晚我爸站在院墙上准备放鞭炮，我儿子小碎步跑了过去，说姥爷你一定要小心啊！

我爸欣慰一笑，这外孙真懂事！我儿子紧跟了一句：可别掉下来摔死了！

当时我就看我爸一脸黑线地愣了几秒，最后还是勉强笑笑说，"姥爷知道了……"

你们能想到当时我的尴尬吗？感觉差一点就当场石化，我看到我爸向我射过来的冷冷的眼神，都准备跪了好吗！

时间过得真快，转眼来到了第二年。我家开始做餐饮生意，有个骑手长得比较瘦小，人家一来，我儿子就问："叔叔你怎么这么矮？为什么别的骑手都那么高大？"

当时人家就不愉快了，黑着脸但仍好语气地问我儿子："你为什么问这个？是不是你妈妈教你的啊？"

你们知道当时我有多强烈的欲望想要揍死这"熊孩子"吗？

好吧，让我们一起同情"艰苦辣妈"一下。

当然，这种事情我们不能完全怪孩子。

　　其实很多时候，孩子并不知道哪些话该说，哪些话不该说，他们只是想到了什么就说什么。但他们有父母啊！

　　父母需要让孩子从小注意自己的言语，教会孩子好好说话。让孩子知道，自己所想的是什么，自己所说的是什么，自己说什么会引起别人的不愉快，而不是让孩子以为，自己说什么都没有关系。

　　海洋妈妈曾有一段时间非常苦恼，因为海洋说话不知轻重，而且越说越不靠谱。

　　一次，妈妈带海洋去逛街，中途遇到一位同事。同事也带着自己的孩子。

　　两个大人站在步行街上攀谈，两个孩子则在一边玩耍。没一会儿，同事家孩子就哭了起来，海洋妈妈知道一定是自己的儿子闯祸了，急忙走了过去。同事也亦步亦趋，对方看到自己的孩子没有任何受伤的地方，判断是两个小孩拌嘴吵架，连声说没事，可能孩子想要回家了，说完便哄着女儿走了。

　　海洋妈妈和儿子回家以后，询问海洋，那个小妹妹为什么会哭。儿子告诉她："我想玩她的玩具，可她不给我。我就说她小气鬼，丑八怪，塌鼻梁，皮肤黄得像米糠，她就哭了。"

　　妈妈看到海洋那自鸣得意的样子，眉头深深皱了起来。

　　她思索了一会儿，说："儿子，妈妈给你讲个故事吧。"

　　小孩子知道有故事听，自然很是高兴。海洋妈妈讲道：
"从前，有一只小公鸡和一只小鸭子，小公鸡总是欺负小鸭子。有一次，小公鸡对小鸭子说'你赶快把主人给你的食物给我拿出来，不然我就天天打鸣，不让你睡觉。'小鸭子每天都受到小公鸡的威胁，只好把吃的让给小公鸡，自己去河里捉鱼吃。"

"但是没想到，小公鸡还是不罢休，追着小鸭子欺负。它看到小鸭子逮到了小鱼，便对小鸭子说'我也要吃鱼，把鱼给我，不然我就晚上打鸣，不让你睡觉'。小鸭子很生气，说'你为什么要抢我的食物，你明明知道自己吃不了鱼'。小公鸡说'谁让主人那么偏心，明明你有鱼吃，还要给你那么多的食物，而我每次只有你一半的食物吃。我不喜欢主人，也不喜欢你'。第二天，小鸭子就将这些话告诉了主人，主人很生气，便直接将小公鸡送人了。"

海洋听完妈妈的故事，说道："小公鸡真讨厌，老欺负小鸭子，把它送人也是应该的。"

此时妈妈开始引导："小公鸡之所以被送人，关键不是因为它欺负小鸭子，而是因为它说了不该说的话，你说对不对？"

海洋似懂非懂地点了点头，妈妈接着说："所以说啊，儿子，以后你要是不注意说话，那么很可能会得罪别人，得不到别人的喜欢，所以以后不要乱说话，有些话不能乱说，你明白吗？"

海洋似乎明白了妈妈的意思，他又点了点头，从那之后，他说话总是很注意。

孩子有时口出恶言，但他可能并无恶意，他只是不知所语。

你需要让孩子理解什么话该说，什么话不该说。只有当他明白这一点的时候，他才会去注意。

很显然，海洋妈妈的方法很值得我们借鉴，不过我们在引导孩子的时候，有以下几点一定要注意。

（1）故事一定要简单易懂。孩子的思维还没有那么成熟，所以说爸爸妈妈在选择故事的时候，一定要选择那些比较简单通俗的，这样孩子听起来才毫不费力。如果故事过于复杂，孩子很可能会不知道你在讲什么。

（2）在孩子不明白故事的时候，一定要进行讲解。如果我们所讲的故事含义不是那么直观，一定要慢慢地给孩子耐心讲解，不要让孩子为了听故事而听故事，让孩子明白其中的道理才是最重要的。当然，在讲解的过程中，一定要考虑到孩子的思想和感受。

（3）亲身示范。要想教导孩子好好说话，就要身体力行，让孩子从你身上看到哪些话不能说，哪些话可以说，这是很好的教授方法。

（4）慢慢来，这不是两三天的事情。说话本身就是一门很深奥的学问，别说是孩子，很多大人还无法很好地掌握说话的技巧，所以说对于孩子这方面的教育，家长们一定不要操之过急，要学会牵着"小蜗牛"，慢慢地向前走，不要期望一两天之内孩子就精通社交辞令，那是不可能的事。

最后要嘱咐各位家长一句，当孩子做得很好的时候，一定要夸奖孩子，让孩子明白自己这样做是对的，自己说的话是应该说的。这是帮助孩子学会"选择性"讲话的好方法。

孩子有点自恋，这"毛病"治愈不难

妈妈问刚上幼儿园的雪瑶："谁是你们班最漂亮的女生啊？"

雪瑶非常肯定地回答："是我！"

爸爸问雪瑶："谁是咱们家最好的那个人？"

雪瑶当仁不让："是我！"

雪瑶爸爸和雪瑶妈妈相视一苦笑，这丫头从小就这么自恋，长大可咋整。

——很多家长在这里有一个误区，那就是不经意间混淆了"自恋"与"自信"的概念。但事实上，幼年的孩子大多是不懂什么是自恋的。

自恋，说白了就是极其地自我陶醉，盲目地自我崇拜，时刻感觉自己都在巅峰状态。

而小孩子的自恋并非如此，他们的自我表现更多是"初生牛犊不怕虎"——他们就是觉得"我很棒"，可很多家长误以为这就是自恋，但其实不是的。

如果你去幼儿园问那些小朋友："你们班最招人喜爱的小朋友是谁啊？"

他们都会觉得这个问题的答案不用思考，就是自己。

就像女孩都认为自己就是世界上最美的小公主，男孩都觉得自己可以成为盖世英雄一样，要知道孩子在幼年时期几乎都"自恋"得不得了。

如果我们称其为"自恋"的话，那这种"自恋"无疑是一种积极的、健康的心理状态。

孩子们在幼年时期，所建立的"我是最棒的"心理认知，是自我意识生长的必然结果。

换而言之，这种"自恋"是小孩应该有的自信，他们应该"自以为是"，认为自己就是最好的存在，认为自己可以凭借一己之力将所有事情搞定，虽然这种自信有盲目自大之嫌，但孩子正是在这种不谙世事的莽撞之中，学会了认清什么是成人世界。

但是，自信往前一步，就是自恋。

有科学研究表明，孩子进入小学以后（8 岁左右），开始出现真正意义上的自恋倾向。

也就是说，倘若在这个时期，父母忽略了引导，甚至传递了错误的思想，那么孩子的自我认知，就可能出现严重障碍。

以下场景可能大家都很熟悉吧：

"走开！我根本不需要你的帮助，你算个什么东西！"小男对表示愿意帮助他讲解难题的同桌大声嚷道。

"我的古筝已过 6 级了，这次晚会应该由我先上台演奏。为什么让倩倩上？她学古筝才几天呀！"初二（二）班教室里，传来了悠悠怨气冲天的喊叫。

"陈老师每次上课都点我回答问题，每次都表扬我，你们都是渣渣！"启明回答完问题，这样想着，随即藐视地扫视了一下教室。

"和思成交朋友？不，就他那档次根本不够资格！"小鸣对小凯说。

……

注意，这就是自恋的苗头！

当然，我们不能在特定的场景中对孩子的言谈断章取义，发现他说一些狂妄自大的话就断言他"太自恋了！"心理学上自有一套对自恋程度的评估，我们来对照一下。

（1）当受到外界批评时，孩子的第一反应是愤怒或者感到耻辱。

（2）喜欢对自己进行过度包装和夸大，希望别人特别关注自己。

（3）坚定不移地认为，自己喜欢的、关注的事物，才是全世界最好的。

（4）对事业、理想、爱情、权利，一直抱有严重脱离实际的幻想。

（5）认为自己高人一等，理应享有比他人更好的待遇或特权。

（6）同理心严重缺失，不会也不愿意体察别人的感受。

（7）嫉妒心极强，或总以为别人在羡慕、嫉妒、诽谤自己。

（8）喜欢展示自己，喜欢频繁照镜子，喜欢欣赏自己的身体。

（9）相信自己是个天生的领导者，认为自己就应该是他人的权威。

（10）喜欢对他人颐指气使，在同龄人面前总喜欢摆出一副高高在上的样子。

再次提醒大家注意，如果你的孩子具备以上 5 种特质，说明他非常自恋。

严重自恋的孩子，他们总是自我感觉特别良好，认为自己尤其与众不同，对外界赞美渴求成瘾，他们往往缺乏自控，争强好胜，冷漠刻薄，没有爱心。

严重自恋的孩子，他们不会有开阔的心胸，他们不仅看不起别人，而且还会迷失自己。

严重自恋的孩子，通常也很难获得美好的友情和爱情，因为他们爱的人只有自己。

当然，我们的孩子仍在成长中，他们的心理和品性尚未定型，仍具备非常大的可塑性，所以只要我们这些做父母的做好教育细节工作，孩子的自恋顽疾就可以被治愈。

想要治愈孩子的自恋顽疾，我们先要回答这样一个问题——孩子的自恋因何而起？

心理学家研究表明，孩子的自恋倾向，大多与家庭环境等有关。

比如，孩子在幼儿时期，父母对孩子过分亲昵，孩子的心里就会出现自恋倾向。

又比如，孩子进入童年时，缺乏与外界同龄人的接触，一些父母阻止孩子去结交同龄朋友，导致孩子孤独地度过童年，这样也有可能使孩子产生自恋倾向。

还有很重要的一点：一些父母全方位多角度无孔不入的赞美，正是孩子自恋的罪魁。

看到这点，可能有些父母又要费解了——难道赏识孩子也有错吗？

不，我们是提倡父母多多夸奖孩子的，如果孩子能够从父母那里不断感受到温暖和力量，他们的世界将充满自信和阳光。

但是，中国有句老话讲"过犹不及"，如果我们严重违背事实真相，彻底脱离孩子实力，毫无界限、不讲分寸地去夸奖，这种夸奖就会变成肉眼可见的伤害。

倘若不管孩子做事是否到位、方法对错与否，家长全是赞语，压根不去引导孩子认知错误和不足，那么孩子就会觉得，"我就是无所不能"，因为爸爸妈妈就是这样说的。

孩子因而觉得自己做什么都是正确的，所以当他听到批评或者不同意见时，常常会反应异常激烈。

他们因为不能听取别人的意见，人际关系往往非常糟糕。

成年以后进入职场，他们因为无法接受领导和同事的批评或不同意见，不仅心理重创，而且举步维艰。

我们必须认清一点：孩子幼年时的自我陶醉是正常的、被允许的、有正向作用的，但父母从头至尾十几年如一日的过度赞美，则会让孩子在自我赏识中过分沉醉。

那么，家长应该怎样做，才能不给孩子严重自恋的机会？

（1）给孩子一个健康的成长环境。

父母应该多关爱孩子，不要让孩子有孤独感、失望感，否则会使孩子变得冷漠，从而不愿接近别人、相信别人，因而产生自闭或自恋心理。当然，也不要溺爱孩子。

（2）要讲究正确的教育方式。

发现孩子有自恋倾向后，父母要先反省一下自己的教育方式，并改进自己的教育方式，鼓励孩子多结交有益的朋友，从一点一滴的小事中去发现别人身上的美与善良，发现别人的优点与特长。这样，孩子在开阔了眼界的同时，也开阔了心胸。当孩子敞开心怀去接纳别人时，就不会再自恋，不会再对别人产生厌恶感了。

（3）表扬要有根据，有尺度。

孩子需要表扬，但是表扬要适度，要有节制。如果父母经常有意识或无意识地当着孩子或他人的面称赞、宠爱自己的孩子，就有可能使孩子从小就自视甚高，这常成为孩子自恋产生的基础。因此，父母在表扬孩子时要有分寸，不能够夸大，更不能因为孩子有一次不错的表现，就每天反复表扬。

（4）鼓励孩子多结交同龄的朋友。

现在的孩子多是独生子女，如果家长不但不为孩子结交朋友提供条件，甚至还加以阻碍，就会促使孩子自恋心理的产生。相反，让孩子多结交朋友，让孩子看到每个人都有自己的优点，都有超过自己的地方，这样孩子的自恋心理就会减弱。

（5）不要在言语中把孩子放置在别人之上。

对绝大多数父母而言，自己的孩子肯定是最特别的，但给家长们提个醒，这一点应该只对你自己有效。孩子在某一方面突出，或者取得了很好的成绩，多多肯定他，表扬他的具体表现都是必要的，但不要强调他比别的孩子更优秀，类似"你们班上，数你最有艺术天赋"这类的话最好少说，否则孩子就会认为"我就是最好的"。

客观地说，自恋并不算是严格意义上的人格缺陷，我们每个人或多或少都会有些自恋，但过度自恋一定会给孩子的人生造成非常大的困扰，所以我觉得大家还是有必要提起十分注意，别给孩子埋下那颗傲慢自大的种子。

当孩子在你的引导之下，逐渐学会了客观认知自己、正确评价自己，他也就慢慢成熟了，这个过程很微妙，也很真实。

家有"暴力儿童"，需多方法综合运用

木木4岁了，爸爸妈妈把他送进了幼儿园，一段时间以后，老师向木木妈反映，木木在幼儿园的表现很不好，因为他太暴力了。

老师提问，木木举手，骏骏也举手，木木用手打骏骏，说自己先举手的，骏骏不许跟着举手。

老师带同学们画画的时候，木木冷不丁在琪琪已经画好的画上涂了一笔，原因竟然是不准琪琪比他先画完。老师温和地批评了他，琪琪本来都气哭了，看到老师批评了木木，也就算了，展开一张纸准备重新画，老师刚一转身，木木一把抓过琪琪的新画纸揉作一团。

木木妈听过老师反映的情况，表示一定会好好教育木木，帮助他改正缺点。和老师道别时，木木对琪琪说："是你害我被老师告黑状，看我明天怎么收拾你！"琪琪妈怒目相向，老师连忙制止，木木妈一脸尴尬。

回到小区，木木想要在小区的儿童广场玩一会儿，可木木妈刚一转身，他居然抢了别的小朋友的跷跷板。木木妈严肃批评他，他怒气冲冲地挥动小拳头就要打妈妈。

木木妈现在非常苦恼，可谁让自己把孩子从小就惯坏了呢。

孩子很小的时候，他们不能清楚地表达自己的意图，他们想要什么东西，往往会选择直接动手去抢，这对孩子而言是最直接有效的方法。有时孩子为了得到自己想要的东西，甚至还会抓人、咬人、打人。如果他们的这种行为家长一直听之任之，慢慢就会变成一种习惯性行为。

是的，我们平时一个不留意，就可能让孩子变得很暴力，现在木木妈就是后悔，非常后悔，她把孩子送到人际圈中，才真切地看清孩子的优点和缺点。好在孩子现在才4岁，还有足够的时间和余地去挽救。而那些父母没有及时醒悟的孩子，结局可能就不那么美好了。

有这样一个男孩：他很聪明，成绩优异、家境优越，父母对他宠爱有加。可他却在13岁那年，用刀捅伤了同学，进了少年劳教所。

后来，他对发生在自己身上的悲剧做了反思：

"从小到大，爸爸妈妈给我的教育就是：只要学习好，犯了什么错都不是错，父母都不会责怪我。因此，我变得很任性。可能是任性造成了我的一种霸气，我的个头在班上最高，成绩也好，同学们都很服我。

"上中学时，爸爸妈妈告诉我要我学习好，然后就是在外不要吃亏，不要被别人欺负。如果我吃了亏，被别人欺负了，他们肯定会认为我窝囊，没有用。记得我小时候，有一次我带了玩具飞机去幼儿园，小朋友们抢着玩，有一个小朋友玩着玩着居然不给我了。我急了，夺过飞机就朝他脑袋上刺去，把他的头刺出了血。家里赔了人家钱，我很害怕，以为回家要挨打。哪知道，爸爸妈妈并没有责备我。

"我读小学四年级时打了同学，同学父母找到我家里来，我爸爸向人家赔了不是。送走了人家后，他对我说，'看这小子，懂得教训别人了。'妈妈告诉我，只要不被别人欺负，怎么做都行。当我去中学读书时，她对我说，现在的孩子都很霸气，你要是不让别人怕你，你就会被别人欺负。现在回过头来想想，我觉得父母对我的这些教育是不正确的，我在学校的打人习惯正是父母错误教育引导的结果。"

这个悲剧也引起了很多父母的反思，于是他们纷纷严厉管教孩子，纠正孩子的暴力倾向。但一些父母虽然有这个良好心愿，却往往不知道怎样合理教育孩子，因而就产生了反效果。

明亮是个7岁的孩子，刚刚上小学一年级，不过半年来，他已经给父母惹了一大堆麻烦，为什么呢？就因为他爱打人！

上学才三天，明亮就把一个小女孩的膝盖踢破了，后来又把同学的头打破了，再后来还用铅笔划伤了同学的胳膊……因为这些事，爸爸妈妈骂过他，打过他屁股，可他还是一犯再犯。

有一天，父子正在看电视，电话响了，爸爸接完电话怒气冲冲地拉过明亮就是两巴掌，明亮委屈地大哭大叫，爸爸更生气了："说过一百遍了，不许打人，你还敢再犯，今天打死你算了！"爸爸又打了下去，这一次，明亮竟然挣扎着用小拳头打爸爸，这让爸爸更生气了：

"真是太过分了，竟然打你爸！"结果，那天爸爸狠狠地打了明亮一顿后，把孩子丢回房间去"反省"。明亮一个人坐在地上哭得稀里哗啦，不明白为什么爸爸可以打他，他就不能打人，最后他得出了一个结论，那就是他不能再打同学，只能打比自己小的孩子。

孩子是父母的影子，当父母面对问题时，习惯用暴力解决，那么孩子就会理所当然地认为，暴力可以解决一切。这也就解释了，为什么在暴力家庭中长大的孩子，往往更容易产生暴力倾向。

其实面对孩子的暴力倾向，不管是家长还是老师，首先最重要的是，不能把孩子定性为"坏孩子"或者"问题儿童"，这种定性对孩子的伤害非常大。

孩子在幼年时期，很多性格特征和心理特征都没有定型，他们往往只是具有暴力的倾向，离真正的问题儿童还差很远。他们需要的是宽容的接纳和耐心的引导，而不是一味地管教和指责。

那么，我们应该怎样帮助自己有"暴力倾向"的孩子呢？

第一步：指出错误，点明其危害。比如，在这个事例中，爸爸就不应该抓过孩子就打，而应该先让孩子知道自己犯了怎样的错误，要指出打人是一种野蛮行为，是为人所不齿的，没有人会和打人的孩子玩，再这样下去，他就会失去所有的朋友。

第二步：冷静分析，化解冲突。如果孩子之间发生了冲突，父母一定要保持冷静，不要立即大声呵斥孩子，让他停止争吵，更不能因为害怕自己的孩子吃亏而护着孩子。应该让孩子自己说清楚发生冲突的原因，然后让他自己提出解决冲突的方法，或者为孩子提一些解决冲突的建议。

第三步：讲明道理，传授方法。比如，当孩子在玩自己心爱的玩具的时候，别的孩子可能过去抢他的玩具，孩子急了就会打人。这时候，父母应该教育孩子对抢他玩具的小朋友说："这是我的玩具，让我先玩一会儿，等会儿我给你玩。"或者让孩子友好地与其他小朋友共同玩。

第四步：角色互换，引导换位思考。父母应当让孩子意识到，打人是一种让人多么不能容忍的行为。在孩子打了人后，就用对比法给他分析问题。例如："孩子，如果有人打破了你的头，让你流血了，那妈妈一定会非常伤心，非常难过，因为妈妈爱你，希望你永远平安。其他的小朋友也有妈妈，他们的妈妈也爱他们，你打伤了那些孩子，他们的妈妈该有多难过啊！"这种对比可以让孩子深刻认识到自己的错误，反省自己的做法。

第五步：警告。父母应该告诫孩子，不要用武力解决和小朋友之间的冲突。父母绝对不会原谅他的打人行为，如果孩子再犯这种错误，就将受到严厉的惩罚。

需要注意的是，告诫并非单纯的责备，更不是一棍子打死，而是综合运用比较、劝勉、激励、警告等多种形式，软硬兼施地达到教育目的。

改造家中的"暴力儿童"，亦不是一天两天就可以做到的事情，家长的耐心和恒心一定要足够。我们只有在日常生活中逐渐渗透，潜移默化地去影响，孩子才能真正学会控制自己的情绪，约束自己的行为，将自己的暴力行为一点点改正。

孩子市侩得很，要好好教他做人

瑞军爸爸最近很苦恼：

我家孩子有点"势利眼"，他心里好像就没有平等待人的概念。平时在班里，他只跟家境富裕的同学来往，对那些普通家庭的孩子则不冷不热；他只跟学习成绩好的同学互动，对那些学习成绩差的同学则冷言冷语。他的这种做法，让同学们很不满，尤其是一些来自农村的学生，他们感觉自己受到了他的歧视，根本就不和他交往了。

在家里，他也是这样，平时对那些有钱有势的叔叔阿姨就很亲切，见了面后小嘴特甜，一口一个"叔叔"，一口一个"阿姨"地叫。而对于家里的穷亲戚，他则看不上眼，既然看不上眼，那也就没有这么热心了，见了他们时，都是爱搭不理的。

上个周末我在家，他一边吃水果一边看动画片，做保洁的阿姨正在打扫房间。他或许是不小心，把果皮弄到了地上，于是我教育他说，"阿姨刚刚扫过地，你要尊重阿姨的劳动成果。"谁知他没有丝毫愧疚地反驳我："你付钱给她，不就是让她做清洁吗？我为什么要尊重一个保洁员啊？"

当时，保洁阿姨就在旁边，字字句句听得清清楚楚。我是又惊怒又尴尬，连忙向阿姨道歉，也要求他马上道歉，但他死活不肯。最后，我只好狠狠地批评他一顿，还禁了他一个星期的水果和动画片。

我和妻子平时工作特别忙，孩子大部分时间都由爷爷奶奶看护照顾，我也知道，自己的父母挺势利的，但没想到对孩子的影响这么大。

许多孩子小时候都有势利倾向，不能做到平等待人，一视同仁。这一方面固然有孩子不懂事的地方，一方面也折射出父母教育的问题。因为父母的疏忽，造成了孩子从小就不能平等待人。而孩子是否能够平等待人，在一定程度上决定了他们在以后的交友过程中是否成功，也就决定了孩子将来能否成为一个成功的人。

试想，谁会喜欢一个不懂尊重为何物，只以金钱和职业评价高低贵贱的人呢？

孩子的本性是纯真可爱的，是我们给他们染上了功利色彩，不管是不是无心之失，这都是我们为人父母一个极大的失误。

就像小鸡破壳而出就会跟着母鸡啄食一样，孩子天生就是模仿高手，而且孩子的模仿行为很多时候大人根本控制不了。比如说话结巴，很多人都是小时候模仿别人导致的，为什么模仿这个呢？无非就是觉得好玩，大人三令五申"不准学"，但无济于事。同样，那些不好的品质和习性，只要家里有人在做，孩子就会下意识地模仿。他自己分不清好坏，当时只是觉得世界就是这个样子的。

有些家长或是孩子的祖父母，受的教育少，从小吃了文化低的亏，只能忍受从事体力劳动的辛苦，其中一部分人可能就会变得非常势利。他们甚至会明确要求自己的孩子：

——"不要和那些穷孩子交往，他们以后帮不了你的！"

——"不要和学习成绩差的孩子一起玩，成绩会变差！"

……

父母的势利心，导致了孩子纯真的童年开始功利化，这是值得我们深刻思考的问题。

还有一些家长，为了教育孩子，常常会以身边遇到的某个基层劳动者，或者某个不成才的亲戚为例。比如：

——"你现在不好好学习，将来就只能搬砖头、扫大街、当保姆……"

——"你再不好好学习，将来就会和你辍学种地的表哥一样没出息！"

孩子的一切都是向大人学的，孩子就像一张空白磁盘，平时所见所闻都会被拷贝进他的大脑。

父母的某些倾向，会对孩子造成很大的影响。如果孩子周围都是势利眼，那么孩子想不势利也很难。因此，改变孩子的势利心理，我们还是要从自身做起。平素里，我们在为人处世、待人接物中，应避免出现偏见和歧视，真正做到平等待人，和谐处事。

俗话说，"尺有所短，寸有所长"，人各有各的优势。对孩子而言，就是要让他们积极发现每个人的优点和长处，从而做到平等待人。每一个优秀的人，也总是喜欢把眼睛放在别人的闪光点上。

其实，在每个人的周围都存在着很多人，他们可能身份地位，家庭状况都存在着差异，但是他们都是平等的人，没有谁可以凌驾于谁之上，只要坚持自己的立场，就都拥有独立的尊严。我们在教育孩子选择朋友的时候，必须引导他们从平等出发，让他们用真心去对待每一个身边的人，这样孩子必然能够收获真挚的友情。

第七章

"特殊问题"疏导，
帮助孩子在关键时期回归理性

　　孩子的成长绝不会一帆风顺，即使你已经尽心尽力、尽职尽责，仍可能无法阻止一些"特殊问题"的出现。当孩子出现"特殊问题"，父母最不该呈现的状态就是焦虑或暴力。孩子的每一个行为都有其内在的心理诉求，孩子也不是机器人，一个按钮就能使其行为停止。因此，我们要教他好的行为，来覆盖他的"特殊问题"。

那些"电脑少年"，最缺少的是感情陪伴

启帆虽然刚上高一，但他已是一位资深的"电脑少年"了。

启帆的爸爸妈妈长年累月在外地打工，只有春节才回家小住几天，他只好与爷爷奶奶生活在一起，是典型的留守儿童。

由于缺乏父母的陪伴和交流，所以启帆性格内向，自卑，孤僻。这种自卑感随着年龄的增长越发强烈。

即使以不错的成绩考入县里的重点高中，但这并没有使他"扬眉吐气"，农村孩子与城里孩子无法避免的差距，使他更觉得自己与别人相形见绌。这使得他本就敏感自卑的内心又下沉了一大截，他更加胆小孤僻，在新的校园里，不仅没交到新朋友，甚至与同寝室的几位室友关系都不太融洽。

也就在这个时候，他接触到了网络，在这个神秘的网络世界里，他可以恣意地放飞自我，他可以捏造很好的家庭背景，在别人面前好好的扬眉吐气一番，他还侃侃而谈使一位漂亮女生对他有了好感，启帆真心觉得，自己原本就是属于网络世界的，他沉醉其中，不能自拔，不愿再面对现实世界。

他更加不愿意与现实中的人交往了，即使同处在一个班集体，但不到万不得已，他绝不主动与老师、同学说话，班里举行集体活动，

原则上要求人人参加，可他总是找借口拒不参加。

随着网络的普及化，"电脑少年"成了社会上一个越来越严峻的问题。这群孩子独自陷落在网络的世界中，逐渐脱离现实、疏远人群，渐渐失去生活的热情和兴趣。只要离开电脑的时间久一点，他们就会感到极度的孤独和空虚。因为长时间沉迷在网络中，他们身边根本没有知心朋友，使得他们对网络中虚无的情感更加依赖。这就陷入了一种恶性循环。

孩子沉迷网络，很大一部分都与家庭教育缺失有关。譬如，这位启帆同学，父母长期不在身边，爷爷奶奶年纪大了，心有余而力不足，启帆到了青春期以后，内心本就敏感脆弱的他遇到难题无人帮助，内心苦恼无人倾诉，三观也无法得到正确的引导。在学习压力颇大，情感需求无法得到满足的情况下，寻求网络来充当自己的避难所，在网络中寻找情感的寄托与安慰，这个结果一点也不令人感到意外。

当然，我们也不能一味地禁止孩子玩电脑，毕竟正确地使用电脑是智能时代安身立命的一项基本技能，但问题是，如果没有成人加以正确引导，孩子通过电脑接触了太多不良信息，沉迷于网络游戏，势必会影响他们的心理健康以及生理健康，导致孩子变得孤僻、消沉、俗气，甚至走上犯罪之路。

因此，问题的关键在于，我们该如何正确引导孩子使用电脑。

首先，要注意培养和塑造孩子的自我健康人格，让孩子认识到电脑再先进也是为人类服务的，只能做电脑的主宰者，而不能成为电脑的"俘虏"，被电脑所禁闭。和电脑再亲热，也不能代替人与人之间的亲密感情、人际交往和交流。

其次，让孩子将电脑与学习有机地结合起来，平时多让孩子和小朋友玩耍，接触生人，让他单独去购买东西，或去完成某一项任务，从接触社会中引导和帮助他们学会社交，从人际交往中学习各种技巧，培养和训练孩子与他人合作的亲社会心理。通过与自然和社会的接触，可使孩子去品味人生的酸甜苦辣，完善自我，养成敢于面对现实，承受挫折失败，谦虚谨慎，勇于进取的性格。父母时常和孩子交流思想，互相学习鼓励，让孩子在学习电脑的过程中获得有益的科学文化知识，避免成为孤独的"电脑人"。一旦发现孩子变为孤独的"电脑人"，应尽快去看心理医师，进行心理治疗。

另外，父母应该和孩子一起使用电脑，给予孩子必要的指导并且经常与孩子进行各种各样的交流。

对于已经陷入网络的"电脑少年"，父母则应该设法培养他们的生活乐趣，帮助他们摆脱网络依赖。

（1）尽量多抽出时间陪陪孩子。

就像启帆那样，很多孩子将自己寄托于网络，是因为缺少亲人的引导以及亲情的慰藉，长此以往，他们内心孤独寂寞，他们自卑、情绪低落，他们感觉自己在现实世界中不受重视，进而转向网络世界寻求情感的平衡。因此，奉劝家长们，请将你赚钱的手暂且放一放，多抽出一些时间陪陪孩子、教导孩子，让孩子体会到亲情的美好、生活的乐趣，淡化他们对于网络的痴迷。

（2）鼓励孩子走出家门，多交朋友。

"电脑少年"往往独来独往，形单影只，因为他们身边没有朋友，他们只好去网络中寻找朋友。因此，将孩子带出网络泥潭的一个有效方法，就是鼓励孩子多结交朋友，扩大他的交际圈子，一旦孩子体会到现实生活中友情的美好与乐趣，他们就会把情感逐渐转移到现实中来。

（3）多给孩子一些鼓励和赞赏。

"电脑少年"的内心多是自卑而敏感的，他们因为在现实生活中感觉不到受重视，对现实中的困难感到迷茫与无助，才会躲避进网络中，不肯面对现实。父母要想将孩子从网络中拉回来，就要成为他的精神支柱。在日常生活中，爸爸妈妈多给孩子一些肯定和鼓励，赞赏他的每一点进步，让孩子感受到爸妈的认可和关注，激发孩子的勇气和自信，他们便会慢慢对生活重拾信心，进而回归到正常生活中去。

孩子和老师较劲，解铃还须系铃人

上学期，小威班上来了一位新班主任，可是，小威对爸爸妈妈说，这位老师似乎不太讨班里同学的喜欢，因为她太严厉了。

小威似乎也不太喜欢这位新班主任。他说，老师整天绷着一张脸，几乎从来没有看到过她笑的样子。还说，老师常常要他回答一些特别难的题目，他要是答不上来，就会受到批评。

每次遇到这种情况，爸爸妈妈都会耐心地告诉小威：老师的最大心愿，是希望学生进步，期待学生成才；老师的最急之处，在于学生学习退步，不求上进；老师的最大安慰，是自己的教学效果好，学生满意；老师最担忧的事，是学生对学习马马虎虎，得过且过。老师之所想、所急、所喜、所忧，都表现在对学生的教育和教学上。她严厉一点，其实是为你们好。

那天，小威又被老师批评了，心里闷闷不乐。回到家，他就冲着妈妈抱怨："我好讨厌这个老师呀，整天都是一张'扑克脸'。"

"你在说什么呢！"妈妈看着小威呵斥道。

"我在说我们的班主任，她是个没有笑容的人。"小威嘟着小嘴说。

妈妈走到小威身边，看着他，严肃地对他说："你必须知道，尊师是一个人必备的品德，所以你不能这样说老师。也许老师希望在你们面前树立威严的形象，所以有时会不苟言笑。但是，妈妈相信，每个老师都有同样的愿望——希望自己的学生能够进步。明白妈妈的意思吗？"

小威的小脸红了起来，不好意思地点了点头。

在学习过程中，孩子很容易对老师产生偏见，如"老师对我特严厉""老师不喜欢我""老师总喜欢批评我"等等。其实，大多数老师对孩子都是一视同仁的，只是孩子的自我感觉容易出现偏差。

而如果我们听任孩子对老师产生偏见，那么无论是对教育事业的发展，还是对孩子的自身成长，都会有巨大的危害。因此，在孩子对老师产生偏见后，我们一定要努力劝解，以一种温和的姿态，劝导孩子，消除孩子的偏见。

对老师的尊敬，有利于孩子听老师的话，更快地进步。我们教育孩子尊敬老师，不仅是对学校工作的支持，更是对孩子的关心。

父母的态度，直接影响孩子和老师的关系，也直接影响孩子的健康成长。

陈女士十分护孩子，护孩子护到了极点，生怕孩子在学校吃一点亏。

有一天孩子放学，她问孩子："今天怎么样？"

孩子回答："我不喜欢王老师，她也讨厌我，今天我一直举手，老师却只叫别的同学。"

听到孩子这样说，她立刻火了，马上打电话到学校，一口气说出了对老师的不满。当校领导找王老师了解情况时，王老师感到很意外，而且对这位母亲的指责也感到非常委屈和气愤。

事实上，王老师根本没有厌恶这个孩子，而这个孩子的成绩也很好，老师还期望他能担任学习委员呢。当天，课堂上之所以没有叫他，只不过想给成绩差的同学多一些发言机会，没想到竟因为这个受到了投诉。从这以后，孩子和老师之间的关系真的很尴尬了，虽然老师并没有给他"小鞋"穿，但孩子再也不愿举手发言了，甚至产生了厌学情绪。

我们通常只能经孩子的口了解他在学校的情况，这种了解往往是片面的。如果我们只相信孩子的话，跟着孩子一起指责老师，受伤害最大的只会是孩子。

其实，孩子年龄小，对很多事物的看法是不够成熟的，因而很容易对老师产生偏见，而我们应该教育孩子以善意来衡量老师的话、老师的做法，消除孩子的偏见，而不是见不得孩子受一点"委屈"，这样才不会影响孩子学习的效果。

当然，我们也不要过度袒护任何一方。如果的确是老师有错在先，我们不分青红皂白，再对孩子一顿"修理"，这无异于双重摧残。我们应该是孩子心灵的保护神，不要让孩子在自己最亲近、最信赖的人身上看到绝望。我们必须主动观察，独立判断，寻求解决。

在处理师生矛盾的事情上，我们一定要谨慎，一方面要维护孩子的权益，照顾孩子的情绪；另一方面，要让老师觉得我们是支持他管教孩子的，偶尔的失误是可以理解的，以免出现因噎废食的情况。

一般来说，老师和学生间产生矛盾或误解，都是由学习活动引起的。老师都希望学生能学好他们教的课程，认真听讲，尊重他们的劳动。老师围绕着学习所进行的批评，应该说动机都是善意的，也都是对孩子的高标准、严要求。但有的老师批评孩子时，也会出现些失误或言词欠妥，在事实上有些出入，从而引起孩子的抵触情绪。被误解的孩子会认为老师是看不起自己或故意和自己过不去。

遇到这种情况，我们首先应该让孩子明白，老师是人不是神，也是会犯错误的，这并不影响老师的形象。如果老师错怪了你，可以跟老师平心静气地沟通，交代清楚事情的来龙去脉。

然后，我们要引导孩子站在老师的角度设身处地地想一想：老师是不是故意针对你？你的言行有没有什么误导？通过换位思考，孩子就会认识到，班级里那么多同学，老师要想真正做到面面俱到是很困难的。因此，师生间出现误解，作为学生，应本着有理让人、无理认错的态度，去改善师生关系。

有一种情况是，有一些孩子，在学校里与在家中的表现完全不同。在家里又懂事又听话，是一个很乖的孩子，可一到学校，就情绪低落，不爱学习，表现糟糕，经常受到老师的批评，也经常顶撞老师。这时候，我们要主动、心平气和地与老师沟通，向老师提供孩子在家的一些日常表现状况，让老师也了解孩子的另一侧面，消除老师对孩子的误解，从而让老师对孩子的行为有一个客观全面的评价。在此基础上，我们再积极配合老师，教育好孩子。

当看到孩子因为做错事受到批评心里不快时，我们要平和亲切地告诉他："孩子，当一个人爱你、对你负责时，才会批评你，其目的是让你认识到自己的错误。"让孩子明白，原来老师批评自己，是对自己负责，是对自己好，是爱自己的表现。另外，要让孩子明白被老师批评的原因。老师批评学生，肯定事出有因，如课堂上不认真听讲，破坏课堂纪律，不遵守队列秩序，课下不团结欺负同学，私拿别人的文具，不认真完成作业，和老师撒谎，等等。我们平时都要有针对性来教育和引导孩子，通过和孩子聊发生在学校里的事，把预防性教育放在前面，让孩子明白有哪些事容易受到老师的批评。只有这样，才能让孩子在受到老师批评时，从心底里愿意接受，并加以改正。

事实上，老师和家长一样，所做的一切都是为了孩子的健康成长，家庭教育和学校教育相结合才会取得良好的教育效果。教育孩子不是光指着老师或光指着家长就可以的，老师与家长不是矛盾对立的两面，而应该成为教育孩子的盟友。因此，老师、家长要互相理解、体谅。

青春期孩子易学坏，务必防患于未然

海飞是家里的独生女，从小娇生惯养。海飞16岁那年，二胎政策开放，爸爸妈妈决定给海飞生个弟弟。妈妈怀孕之后脾气不怎么好，经常腰酸背痛，没有精力继续照顾海飞的饮食起居，于是开始和爸爸商量让海飞住校，每周回家一次。

半年之后，妈妈的肚子越来越大，行动有些不方便，每次叫海飞做什么她都会很不耐烦地帮妈妈做，经常在家里和妈妈发生口角。爸爸妈妈都发现了海飞的异常，但是考虑到她正处于叛逆期也就不和她一般计较。可是慢慢地，妈妈发现海飞越来越爱打扮，每周回家都会和妈妈要钱买衣服，而且似乎肚子越来越大，经常恶心呕吐，仔细一想，和怀孕初期反应很相似，于是便偷偷地将海飞叫进房间询问。

原来，爸爸妈妈为了要二胎让海飞住校的做法，在海飞看来是在驱赶自己，家里容不下自己的。对于父爱母爱的缺失让她很没有安全感，刚好班上的一名男生的情况和自己相似，两个人越走越近，很快就确定了恋爱关系，而且发生了性关系。爸爸妈妈对自己之前的做法感到后悔，流着泪将女儿拥入怀中，但是错已铸成。

很多父母想不通，我的孩子小的时候很乖巧，文文静静的，怎么到了青春期就一百八十度大转弯？打架斗殴、赌博等不良行为，让父母操碎了心。

其实，每个孩子都希望自己成为同龄人中的佼佼者，成为爸妈、老师的骄傲，但现实却并非如此，不是每个孩子都可以变得很优秀。一旦他们不是那么优秀，或者感到自己被人忽视了，就会沉沦堕落；也有的孩子原本成绩优秀，但其实每次取得优秀成绩对于他们而言都如同心灵的煎熬。正由于他们备受瞩目，所以他们才更累，他们想放纵自己的想法就在内心之中蠢蠢欲动，他们会不由得羡慕那些不在意考试、不用面对老师与家长严肃面孔的同学，过不了多久，他们就会尝试着抛开一切，放纵自己。

学校里有很多孩子非常羡慕那些故意和老师作对、欺负低年级孩子的同学，在他们看来，只有这样做才可以得到周围人的尊重和认可，他们也会效仿这种行为。如果父母不对孩子的行为进行引导和控制，就会对孩子未来的成长造成恶劣影响。

处在青春期阶段的孩子，精力充沛，思维敏捷，记忆力强，情感丰富，但是这个时期是孩子身心建设或发展趋于定型的阶段，是走向成年的过渡阶段，也是性意识萌发、发展的时期，他们的心理与生理发育常常不同步，有半成熟、半幼稚、叛逆等特点。因此，父母应当注重孩子的这个心理素质发展的关键阶段，不能直接批评孩子的不良行为，引起孩子的叛逆情绪，也不可以任其发展，导致他们误入歧途。那么，父母该怎么做才能避免青春期的孩子学坏呢？

（1）多加关注，防患于未然。

家有青春期孩子，日常生活中，父母要随时观察孩子的思想动向，若孩子的零花钱突然增多，孩子的脸上突然出现瘀伤，父母要引起重视，这很可能意味着孩子在外面打架或偷东西了。父母要仔细排查可能出现的情况，无论通过什么方法，都要让孩子自己露出破绽，承认错误，但是不可以伤害到孩子的自尊心，如果事态的发展允许对孩子的错误行为保密，父母要履行诺言。否则一旦失去教育孩子的机会，孩子就再也不会相信你。

（2）扶正三观，让孩子明白是非对错。

虽然青春期的孩子已经有了是非观念，但仍然很容易受到影响甚至被改变，父母应当经常培养孩子的是非观念，让孩子明白爸爸妈妈是不允许这种行为发生的。对此类孩子进行矫正，父母应当首先帮孩子形成正确的是非观。想做到这一点，一定要从现有的实际水平出发，逐渐提高，经过反复教育即可培养孩子的是非观。

（3）孩子做了"坏事"，千万不能打骂。

孩子做些"坏事"不代表孩子就是"坏孩子"，大人千万不能给孩子贴上"坏孩子"的标签，但也不能放任不管。父母在确信孩子做了"坏事"后，首先要帮孩子把事情的影响化降至最低。有的家长觉得只有"打"才可以改正孩子做坏事的行为，其实错了，打得越厉害，就越会疏远父母和孩子之间的感情，孩子就会更孤独，在家庭之中感受不到温暖，孩子甚至不敢回家，在外流浪，和社会上的不良分子交往，很容易被其利用，最终步入歧途，甚至触犯法律。

孩子爱和异性交往，到底该不该想法管管

薛女士是个很传统的女人，离异，带着一个 15 岁的女儿过日子。

薛女士这些年含辛茹苦，就是希望女儿将来能考个重点大学，为孩子自己、也为妈妈争口气。然而那天她很痛苦地发现，女儿好像早恋了。

大家都劝她淡定，毕竟每个人都是从青春期走过来的，一个处理不好，就容易把孩子推向深渊。

可是薛女士无论如何也淡定不了，当然，为人父母，她的心情谁都可以理解。

当天下午，薛女士就请假，跑到女儿的学校附近蹲守、跟踪孩子。

她竟然发现——女儿跟一个男生去小公园约会了！

薛女士当场抓住两人，不听任何解释，劈头盖脸将那男孩一通臭骂，然后强行将女儿拖回家中，又是歇斯底里大骂一顿。然后又给女儿的班主任老师打了电话。

据说，后来那个男生转学了，而女儿则把她当成仇人一样，如非必要，绝不多说一句话，学习成绩也大幅下降。

薛女士情急之下，找到了平素和孩子关系很好的小姨做救兵。小姨苦口婆心和孩子聊了好久，让她设身处地地体谅母亲——妈妈的做法虽然有错，但初衷真的没有什么问题。

孩子总算有所动容，道出了实情。

原来，那个男生是孩子的后座，也是个品学兼优的学生，那阵子因为家庭变故日渐消沉，孩子因为同病相怜而去安慰他、鼓励他，或许是相同的遭遇，两个人聊得比较投机，成了可以相互倾诉和鼓励的好朋友，仅此而已。

至于小公园……总不能在班级里聊"家丑"，让同学们都知道吧。

哎，这真是一个糟糕的误会！误会虽然解开了，可带给两个孩子的伤害不知道何时才能真正平复。

青春期的异性交往问题的确是一个最容易被误解、又最容易被忽视的。

大多数父母意识到自己的孩子已经情窦初开时，或者只是在心里暗暗着急，或者旁敲侧击地去劝阻，或者不由分说地去制止，却很少有人与孩子开诚布公地沟通，为他们提供正确的指导。

但是在茫茫人海中，除了男人就是女人，异性交往不但不可避免，而且还是现代社会每个人一生中最基本、最重要的交际形式之一。因此，如果父母真的关注孩子的生活幸福、事业成功，就必须让孩子具备与异性相处的本领，教会孩子正确把握与异性交往的尺度。

不得不说，孩子和异性交往，在中国父母心里，一直是一个非常敏感的话题。

不过西方人并不这样认为，在他们看来，应该从小就鼓励孩子们和异性交往，孩子有了异性朋友是一件值得开心的事情。孩子们之间的感情是纯真的，令人羡慕的，是要保护的。

美国有一位心理学家，叫赫洛克，他把交友，包括交异性朋友的好处总结为八条：

（1）为双方带来了稳定感。

（2）彼此共同度过的快乐时光。

（3）获得与他人友好相处的经验。

（4）发展宽容大度与理解力。

（5）得到了掌握社交技能的机会。

（6）获得了批评他人和受他人批评的机会。

（7）为将来提供了求爱的经验。

（8）培养了诚实的道德观。

其实，学会与异性交往是"青春期"最重要的社会目标之一。按照人类心理社会发展的自然进程，一个正常人从初中开始就需要学习建立异性友谊，因而与异性交往并非"长大以后的事"。

相反，如果真的等到离开学校走上社会以后才开始学习与异性交往，很可能就会因为缺乏锻炼而成为这方面的"困难户"。因此，家长大可不必谈虎色变，过多干涉孩子交异性朋友，当然也不可不关心，而应该正确引导，让孩子自己把握与异性之间交往的分寸。

面对孩子的异性交往，父母应该做的是，教育处在青春期的孩子用平常心态对待异性朋友，控制性冲动，培养自己的健康人格，端正性观念和批判"性解放"思潮。有人认为，男女之间的性交往是很正常的。其实不然，男孩一旦放纵自己，不仅会给女孩带来伤害，也会使自己产生强烈的罪恶感。

因此，家里如果是男孩子的话，作为父母可以这样指导他：

首先，没必要过分拘谨。在和女生的交往中该说就说、该笑就笑，需要握手就握手，这都是很正常的。要是忸怩的话反而让人家讨厌。当然，要是过分随便的话，一定会把小女生吓跑。

其次，不要太严肃。太严肃会让人不敢接近，望而生畏，可以不失时机地表现一下幽默感。这样比较容易受欢迎，但不要发展成油腔滑调。

再次，学会绅士风度。很多时候女性被视作弱势群体，所以"男子汉"们要学会谦让、学会保护女士。比如，一起在马路上闲逛时，男孩子应该走在靠行车道的一边；进出门时，男孩子要给女生开门，让女生先进先出等。可以从"照顾"妈妈开始，训练男孩子的绅士风度。

假如家里是女孩的话，父母要让她们务必注意与男孩子交往的尺度，做到既能展现女孩子的魅力又能避免吞食苦果。

首先，不要过分热情。如果女孩子在交往中表现得过分热情，就会让对方觉得是轻佻之人，往往会产生非分之想，不利于正常交往。

其次，要保持警觉。"食色，性也"，不排除很多男孩子都有好色之嫌，所以女孩子要时刻保持警觉性。这样才能及时发现色狼的不良动机，采取防御行动。

再次，不要总是不理不睬。虽然在交往中一般都是男孩子采取主动，但是如果女孩子一直不理不睬的，保持着"冰山冷美人"的形象，不用多久就没有男孩子敢接近了。

除此之外，父母还要让孩子在与异性交往的过程中，保持广泛接触和群体形式，注意交往的分寸；少与异性单独接触，没有特殊需要不单独约会；注意把握和控制自己的性冲动，避免由于朦胧而产生的偏差，珍惜少男少女的纯洁；理智地、有分寸地对待出乎意料的感情越轨，尤其对待"性诱惑"要敢于说"不"。

其实，孩子的交往经常是凭直觉进行的，是纯洁和美好的，对这种友谊父母应当格外尊重和鼓励。让孩子与异性自然交往，告诉他们不要把异性视为特殊对象而感到神秘和敏感；不要形成一种人为的紧张和过分激动的心态；也不必因对某个异性有好感，愿意与之交谈、接触，就认为自己爱上了对方，或以为对方对自己有情，错把友谊当爱情来追求。父母也不要把青春期的异性交往都看作是"早恋"，是一种"错误的需求"或"会闹出乱子的坏事"，而想办法去"制止""拆散"。

天啊，孩子好像早恋了，你该怎么办

孩子过早恋爱，显然会对他们的成长成熟造成一定的负面影响。因此，父母们都是旗帜鲜明地反对孩子早恋，但很多时候他们采用的方法是不恰当的。例如，有的父母在孩子上初中时就声色俱厉地警告孩子"不许早恋"，有的父母经常性地偷翻孩子的信件、日记，偷听孩子的电话，监视孩子的行动……这种做法不但避免不了孩子早恋，有时甚至还会使孩子因反感父母的做法而故意要去"早恋"。

有一个 16 岁的女孩，长得非常漂亮，她的母亲因此特不放心，总是对她疑神疑鬼，连接个电话她都要偷听，女孩非常气愤。后来当一个男孩追求她时，尽管她不是非常喜欢那个男孩，但却还是答应了，用她的话说："我倒想知道早恋有什么不好的，妈妈为什么一定要压制我！"

这真是一个令人哭笑不得的故事，妈妈的管教反倒变成了孩子早恋的"催化剂"，这都是由于家长措施不当引起的。

对待孩子的早恋问题，父母不能一味地"堵"，甚至在孩子还没有早恋时就开始捕风捉影，胡乱"管制"。其实，孩子的早恋问题，越堵反而会越乱，基于青少年的逆反心理，这很有可能造成家长不愿看到的后果。

张女士非常懊恼自己在处理儿子早恋问题上的过激行为，致使现在儿子甚至不愿意跟她多说话，回家吃完饭就窝在自己的小房间里。

"我 2 个月前就感觉到他早恋了，因为发现他总和一个小女生一起回家，还经常在房间悄悄打电话，有一次，我没敲门进去，他很快挂断电话，并埋怨我偷听，侵犯了他的隐私。"

令张女士感到震惊的是，一个好友告诉她，曾看见她的儿子和一个女生在大街上搂搂抱抱，行为非常亲密。

张女士意识到了问题的严重性，她声色俱厉地将儿子斥骂一顿，说儿子没有出息，等等。儿子也被激怒了，嘲笑她观念落后。气愤之下，张女士狠狠打了儿子一巴掌，母子关系就此陷入僵局。

　　张女士接着又去找儿子的"女朋友"谈判，希望她能够从两个人的未来考虑，尽早结束这样的"友谊"。不过，心急之下，张女士说话的语气显然不那么顺耳，所以不但没能说服女孩，更引起了女孩的反感，令张女士非常尴尬。

　　后来，在双方家长的干预下，张女士的儿子终于与那个女孩"分手"了。可是儿子却变得越发放肆，此后有一些女孩向他表示好感，尽管他不是很喜欢那些女孩，但却都答应了。用他的话说："她能拆得散一个，能拆得散十个吗？她越是不让我这样，我就越要这样做。我倒想知道早恋有什么不好的，她为什么一定要压制我！"

　　其实，孩子早恋问题与其严防死守，使之形成恶性循环，还不如因势利导、教他们正确对待爱情。家长要理解并尊重孩子的情感变化、积极陪伴孩子青春期的独特阶段，而不是给孩子扣上各种消极的帽子，甚至棍棒、打骂和威胁，应该给孩子必要的人生指导，把早恋的危害向孩子说清楚，让他们对早恋有个理性的认识，引导孩子理智认识处理情感问题。

　　有一位17岁的高中男孩，与一个同班女孩相恋了，男孩的父亲与儿子进行了一次属于两个男人之间的朋友式的谈话——

　　父：儿子，你是不是觉得她是最好的女孩？

　　子：我觉得我认识的女孩里她最可爱也最善良。

　　父：爸爸相信你的眼光。但是，你才上高二，你认识的女孩有多少？

　　子：……

　　父：记得你的理想吗？你说你要上大学，将来还要出国深造，想成为一名律师或金融家。你知道你将来会遇上多少好女孩？爸爸并不反对你现在谈女朋友，但是爸爸最反感的是见异思迁。你 17 岁就有了女朋友，这女朋友是你到目前为止认识的最好的女孩，可是你将来会有更多的机会，到那时你该怎么办？

子：可是，现在让我离开她，我会很痛苦。

父：你初三时买的照相机呢？

子：前两天，妈妈给我买了个高级的，我觉得效果比原来那个好，就把那个扔箱子里了。

父：这就叫一山更比一山高。你如果把握好每一个属于你的机会，你以后的成就只能比今天大，你面对的世界只会比今天更宽阔，到时候你的选择只会比今天更好，更适合你。如果你与这女孩真有那份情缘，到时候让它开花结果多好。儿子，一个人一生不可能不做些让自己后悔的事，但是人生大事只有几件，后悔了，就遗憾终生。

子：爸爸，我懂了……

在父子轻松的交谈中，早恋的问题被解决了。

开明的家长是不会用粗暴的态度指责或打骂孩子的，因为他们知道这样做只能使孩子逆反心理加重，把恋爱活动转入地下，越陷越深。有些孩子在向家长亮牌后，家长态度生硬，孩子无可奈何，出走、自杀，不能说家长没有责任。此时的家长应心平气和，循循善诱，使孩子懂得早恋弊大于利，很难有结果。家长应引导孩子自己学会冷却这种狂热，把与异性交往控制在友情的范围之内。

在这方面，家长首先要做的就是，对孩子这种现象给一个合理的评价；其次，在日常生活中跟孩子搞好亲子关系，多跟他们聊聊学校的事，聊聊他们的困惑，鼓励他们多跟不同的异性交往，尽量发展正常的同学友谊。

如果孩子已经与某个异性有"交往过密"的倾向，就要坦然地跟他谈交往中需要注意的事项，管好自己的行为，预防性行为发生以及带来的伤害。

不要觉得讲这种事比较难堪，现在孩子获取信息的途径很广泛，与其任由他自己瞎寻找，不如告诉他科学的知识，杜绝伤害。

另外，父母还要尊重早恋的孩子，倾听他内心深处的呼唤，理解他的烦恼，引导他从感情的漩涡中解脱出来，从而及时坚定地制止孩子的早恋行为。

两性教育越封闭，孩子内心越好奇

曹女士离婚以后，为了孩子一直没有再婚，她对孩子寄予厚望，各方面要求都很严格。孩子3岁多的时候，曾经哭闹着要看妈妈洗澡、换衣服、上卫生间。而她一概拒绝了，因为她认为男孩看过女人的身体，就容易学坏。对于孩子提出的与性有关的问题，她也一概不予回答，她自认为在这方面自己对孩子的要求是非常严格的，也是非常正确的。

以现代教育观点来看，曹女士的做法显然是有待商榷的。青春发育是人生必经之途，由于性成熟而出现对性知识渴求和对异性向往是自然的。随着年龄增长，增多与异性交往是正常的，是不以人们意愿为转移的。结合身心发育特点，在青春期进行性知识、性心理、性道德等教育是顺应自然和社会需要的。如果封闭了正确的性知识，不但不能起到保护作用，反而会使孩子从其他渠道接受片面的、低俗的有害信息，从而妨碍孩子身心的健康发展。

事实上，曹女士的教育方法果然出了问题。在孩子 13 岁时，去英语老师家一对一补课，英语老师是位很年轻也很漂亮的未婚女青年。补课结束后，正在收拾书包的男孩发现老师在上卫生间，在强烈的好奇心与冲动的驱使下，他鬼使神差地走到卫生间门前，透过门缝偷看了老师小便，结果被老师发现了。那个老师因为年轻，并不懂得青春期孩子的心理，也缺乏处理这种事情的经验，一时情急大骂男孩是流氓，并立刻打电话把家长叫了过来，还威胁他说要将这事报告给学校，让男孩接受严厉的惩罚，可想而知，当时男孩一定都吓傻了。

曹女士赶到后，对着孩子又一顿大骂，以缓解老师的羞愤情绪。幸好，这个老师人还不错，经过家长的努力，老师也从保护孩子的角度出发，没有再追究此事。但是，男孩从此完全变了。曾经成绩优异的孩子上课经常走神，厌学情绪越来越重。几个月后，曹女士在他的床垫下发现了很多色情影碟和色情书籍，曹女士整个人都快要崩溃了。接着，曹女士把他送到了另一个城市的亲戚家，希望换个环境让他能够忘掉此事。然而，远离妈妈的日子，男孩对色情图片和电影更加痴迷了，不愿意到学校上课。亲戚对他的这种状况也是束手无策。

后来，这个曾被妈妈寄予厚望的男孩，因为高中的时候猥亵女同学终止了学业。

大量事实证明，封闭性教育是有弊而无益的。对青少年不谈性问题，不进行性教育，青少年在遇到这些问题时从正面的渠道无法得到答案，于是便会从一些不健康的网站或书籍中找寻答案，很多孩子甚至因此形成了不健康的性心理。朦胧的性意识和对性知识缺乏正确认识很容易使孩子走入歧途。

当孩子进入青春期后，由于生理的变化，都会不同程度地产生一定的性困惑和性困扰，而中国的大多数父母都和曹女士一样，总觉得和孩子谈"性"是一件很难启齿的事，结果产生了一种"禁果效应"：越神秘的东西，孩子越要去碰。于是他们开始从其他地方寻找答案，甚至是接受一些不健康的东西，家长本来是为了保护孩子，但结果却适得其反。

生活中，有的父母认为"性"是一件无须教育的事，孩子长大自然就懂了；或者让孩子知道这方面的事情，孩子会学坏，因而一定要严管。结果由于好奇，甚至是无知，孩子反倒做出了荒唐的事。

毫无疑问，父母应该是孩子性教育的启蒙老师，父母的观念会深刻地影响孩子，因而在性教育中，做父母的首先应加强性知识和性道德方面的学习，对性及性教育应有一个正确的认识。如果父母感觉性是不洁的，对孩子所问的有关性的问题不但不正面回答，反而斥责他们，孩子自然就会感到性是神秘的、不洁的。相反，如果父母感觉性是美好的，如同日出日落，月缺月圆一样自然，那么孩子对性问题也会有正确的概念。

父母应该意识到性教育与教孩子说话、走路一样，是很正常的、必需的。但是，教育学家也告诉我们，性教育还要讲究一定的方式与方法才能达到预期目的。

（1）不要回避性问题，要直接回答孩子的性问题。回避、搪塞只会让孩子觉得这种事情见不得人，遮遮掩掩、制造神秘感；只会增加孩子的好奇心，甚至导致对生育、性爱的恐惧。编造神话故事能让父母一时蒙混过关，但是将来孩子一旦发现事实，就不再信任父母。父母是孩子的第一任人生教师，所以必须从一开始就给孩子一个明确的答案。

给孩子符合他年龄段的回答。简洁地对孩子解释，而不是给他上一堂复杂的科学或者道德课程。如果回答不了，就找一本简单的书，和他一起阅读。

（2）当孩子进入青春期后，随着他们性意识的觉醒，应及时进行性知识和性道德教育，父母要选择适当的语言和适当的时机告诉他们，由于内分泌系统的成熟，性激素产生过多，少男少女开始出现第二性征，男孩子会长胡须，声音变粗，阴茎、睾丸增大，并出现遗精等生理变化；女孩子乳房隆起，臀部变宽，声音变细并伴有月经来潮。对男孩的遗精和女孩的月经初潮，应告诉他们这是一种正常的生理现象，是进入青春期的标志。

（3）不要教得太早，教得太多。一些父母和许多过分"开明"的教育工作者常犯的错误之一就是趋向于教得太早、教得太多。比如，在一些学校里给幼儿园的孩子放映动画教育短片。像这样轻率鲁莽地过早开始性教育是不可能收到多少明显的成效的。

实际上，事实表明，操之过急是会带来很多危险的。把孩子暴露在他毫无准备的现实面前，可能会使他受到一种严重的感情震荡。再者，教给孩子一些他不必知道的东西也是不明智的，因为这会使他过早地失去童稚。如果一个 7 岁的男孩子预先就知道了成年人的性行为，那要他等上 10 年、12 年再运用他所知道的属婚姻范围之内的知识是不大可能的。

过早的性教育还可能给孩子带来过分的刺激。孩子知道了成年人那充满刺激的性体验，然而可望而不可即的现状会使他徒增焦虑。孩子应专心于孩子的兴趣爱好，而不应沉湎于成年人的乐趣与欲念之中。这并不是说把性教育推迟到童年过去以后，而是说这种教育似乎应与孩子的精神及身体的需要保持一致，这才算得上恰当。

（4）把握教育的时机。孩子的发问，其实正是父母实施性教育的最好时机。他的问题告诉父母，他在想些什么以及他想知道些什么。他的问题还提供了一个教育的自然媒介。在他充满好奇心的时候，父母回答这些问题比忽视、回避或以后再解释要好得多。如果孩子对性的问题不感兴趣，父母也不应该因为孩子没有提问而可以不履行其责任。

关于家庭性教育的时间安排问题，最后还有一点很重要，在孩子即将进入青春期前，父母就应停止其教育计划。女孩子的青春期一般在 10 ～ 17 岁，而男孩子在 12 ～ 19 岁。当他们步入这一发展阶段，他们就特别不好意思和其父母讨论和性有关的话题。在此期间，他们常常不喜欢父母去打扰他们，父母们应当尊重他们的愿望。在此之前，我们已有 10 年的时间为他们提供有关性的知识，一旦奠定好了这个基础，我们只需做好孩子的"顾问"就可以了。

家长们需要认清一点，性教育不是"教唆犯"，而是为了让孩子正确对待"性"，不再因为好奇而闯禁区，不再因为无知而犯错误。

孩子"恋物成瘾"，别把他当病态看待

一帆家境优渥，长相英俊，性格腼腆，人前非常羞涩。但有一天，他却闹出了一件大丑闻，使得他的父亲颜面扫地。

一帆的父母在他幼时便离了婚，一帆随父亲一起生活，后来父亲又结了两次婚，但继母对一帆都不怎么关心。因为父亲忙于生意，所以从小一帆就经常被单独留在家里，他渴望得到关怀、渴望亲情的温暖，但却没有人给他这些。他这个人性格内向，说话又支支吾吾的，所以也没有什么朋友。

在寂寞无聊中，一帆常常拿出自己母亲留下来的衣物，将它们抱在怀里，想象着母亲就在自己身边。

16岁时，一帆进入父亲的公司开始学习做生意，并在这里结识了一位年老的保安，保安教会了他如何用万能钥匙开锁。

公司里有许多漂亮的女职员进进出出，她们让情窦初开的一帆意乱情迷，但在女职员们看来，一帆还只是一个少不更事的男孩子，没有人会站在异性的角度去关注他。在饱受刺激而又无法调节的情况下，他终于有了偷取女职员衣物的冲动。

有一天，他无意中获知某位女职员当晚不在所住的单身公寓，于是便利用刚学到的开锁技术潜入对方房中，偷了一些衣物。回到自己的房中，他把这些衣物抱在怀里，幻想自己所抱着的就是那位女职员……然而，在心理得到满足之余，惊恐与羞愧的念头随即浮上心头，于是他又将那些衣物统统丢入炉中焚毁。

几天之后，机会再度来临，他再一次成功潜入另一位女职员的住处，在兴奋、羞愧与害怕的复杂情绪中，一帆越陷越深，不能自拔。然而，一帆忽略了一个基本的常识，他的窃取对象都是同一家公司住在同一栋大厦里的单身女职员，当事人开始怀疑"窃贼"就在自己身边。终于在某天晚上，一帆在行窃之后被蹲守在楼下的警察逮了个正着，警察从他的身上搜出了刚刚偷来的女性衣物，人赃俱获。原来，公司的女职员们在屡屡被窃贼光顾以后大为光火，她们设下了这么一个"请君入瓮"的局，结果一帆被送上了青少年法庭。

一帆的行为，在心理学上称为"恋物成瘾"，所谓恋物成瘾是指沉迷于一些无生命物品，即恋物。通常恋物成瘾发病始于青少年，恋物成瘾一旦形成，将会是一个长期的、反复发生的行为。从强迫谱系障碍来看，恋物成瘾具有强迫症的许多特点。譬如，自己想过正常人的日子，但又想通过恋物寻求刺激，这就是强迫与反强迫；自己也在努力控制，但越控制症状越发严重，并为此苦恼不已；具有完全的自知力。

类似于一帆的这种恋物行为多出现在男性身上，他们尤其喜欢接触异性穿着或佩戴的物品，并以此来引发兴奋感。这些物品多是直接接触异性体表的东西，如一绺头发、鞋、手套、内衣、发夹、别针、项链等。有时为了获得这些物品，他们甚至不择手段去偷，因而触犯法律。

一直以来，这类"恋物成瘾"行为并没有得到社会大众的正确认知，最初人们将其称之为"流氓行为"，后来又称其为"性变态"，现代医学界则为其正了名，将其归为性偏好障碍的一种，强调与道德水准和意志力无关。一些专家已经提议，以"恋物成瘾"这个中性词来取代"恋物癖"这个含有歧视色彩的词语。我们在文中一直使用"成瘾"一词，就是希望家长和社会大众都能够明白，这个非正常体现与酒瘾、烟瘾、药瘾、网瘾、赌瘾等类似，都是一种成瘾行为，与道德水准和意志力无关，只是一种身心疾病。这类心理障碍形成的原因很复杂，多与个人成长经历、家庭、社会文化环境、压力、性教育不当等有关。

其实，孩子无论是痴恋哪一种物品，父母及亲友都应该给予理解，并及时帮助治疗。事实上，恋物成瘾是一种性心理幼稚的表现，是可以纠正的心理障碍。而且年龄越小，纠正的难度也就越小。

作为父母、亲友，在发现孩子怀有恋物倾向时，应给予适当的理解和宽容，不要把他当作病人来看待，在尊重的前提下，进行沟通与疏导。如果可以的话，尽量增加与孩子相处的时间，多用亲情、友情与其沟通，增加感情投入，帮助孩子树立正确的生活观念。切记不要流露出嫌恶、鄙夷的态度。切忌斥责、吓唬孩子，让他误以为性是见不得人的肮脏事，对性产生厌恶感，从而影响他今后生活幸福；亦不可轻描淡写地一带而过，那等于是在放纵他的错误行为。

当孩子出现恋物倾向时，父母们一定要注意以下几点：

首先，根据孩子的心理特征和年龄阶段进行必要的性教育，引导他们正确认识两性生理和心理的差异，消除对异性的过分神秘感。

其次，一旦孩子出现"恋物"苗头，不要一味打压，因为这是一种身心疾病，父母应给予正确引导，让他们认识到自己当前的存在的心理障碍，认清"恋物"对于自己的不利影响。

再次，对于孩子内心的压力与困惑，父母应协助其进行调节，从多方面减轻孩子的心理负担。

最后，父母要注意培养孩子的兴趣爱好，鼓励他们多与人交往。有类似行为的孩子一般内向羞怯、不善表达自己，不善与人交往。培养兴趣、增强人际交往可以转移他的注意力，纠正性格上的缺点，减少不良心理倾向。

孩子逆来顺受总受欺负，到底如何是好

李女士最近为儿子的事情忧愁不已。

熟悉他们家的人都知道，李女士的儿子虎虎从小聪明乖巧，文明懂事，李女士为什么还这么烦呢？

原来，正是因为虎虎"太懂事了"，反倒成了同学的欺负对象。

虎虎今年上小学五年级，是班里的卫生委员，平时同学们不愿做的班务劳动，虎虎基本都主动揽在身上，因为他觉得自己是班干部，就要以身作则。

这一天，轮到小海值日，但小海说自己家里有事，非要虎虎帮自己把活干了，还说你是卫生委员，理应以身作则，然后没等虎虎同意，不由分说就先跑了。

虎虎虽然心里不高兴，但转念一想，小海说的话貌似有那么一点点道理，就这样，虎虎被道德绑架了，默默无语憋着气，教室里响起扫帚声……

然而，小海自从得了便宜、尝到甜头以后，一发不可收拾，每一次都故伎重施，要么说自己不舒服，要么说爷爷生病了……总之，他从此再没做过值日。

同学们一看：嘿，这里有一个老实人，大家快来欺负他！于是纷纷效仿小海，虎虎对此也是有气，但他毫无办法……

因为孩子每天回家都很晚，这就引起了家长的注意——他究竟去了哪里了？

后来经过询问才知道，原来孩子一直在替全班同学做值日。当妈妈的一听，当时就火了，决定和老师沟通一下这件事，可虎虎却坚决反对，因为他害怕同学们因此不喜欢自己。

中国有个带贬义色彩的赞美词——老好人，说的就是虎虎这种孩子。

应该说，像虎虎这样的孩子，是对"好人"这个概念，产生了误解。

其实不光是孩子，很多大人也是如此。

有不少人觉得，对所有人都友善，有求必应，想方设法帮助别人，毫不利己专门利人，这样做了就是"好人"。他们是这样想的，也是这样做的，并以此为荣。

对这些人而言，做"好人"不仅是一种习惯或行为方式，而且更是一种与他人建立关系的特殊方式。

事实上，一心做好人并不是一个无关大碍的问题，它也是一种心理病，心理学上称之为"好人综合征"。

"好人综合征"源于人们对自我价值的信心匮缺，于是希望用做好事来换取外来的赞美与认可，这种需求一旦形成心理定势，就会严重降低行为者的判断力和自控力，进而演化成一种可以称之为"癖"的习惯和依赖。

格勒弗医生是诊治"好人综合征"方面的权威人士，也是《不再当好人》一书的作者。他指出：

几乎所有的好人在意识或下意识中都有类似于这样的想法：如果我把缺点藏起来，变成别人希望我成为的那个样子，那么别人就会肯定我，觉得我好，也会敬重我，重视我。这样，我的生活就有了意义，有了价值，我也就找到了幸福。实际上，这种幸福的感觉或自我意识的满足取决于他人对自己的看法，自己并不能把握它，因而我实际上并不幸福。

这种情况可能在孩子很小的时候就出现了。

幼年时，孩子学会了看父母的脸色；上学时，他们又格外注意老师、同学的看法，渐渐形成了按他人想法去生活的倾向。再以后，孩子长大以后，在赖以生存的社会及人际关系中，渐渐把自己塑造成了一个连自己都信以为真的"好人"，并一直维持着这个形象，以期望从中获得安心感和自信感。

然而这个"好人"，其实是他们刻意塑造出来的，很大程度上，他并不是真实的自己，是与"本来的自己"背道而驰的，所以即便那个塑造出来的"我"不断告诉本来的"我"，这样做是对的，但本心并不会感到真正的自信与快乐。

此外，这种不顾一切做好事的行为，也会让孩子付出高昂的代价，如果一个人太顺从，不能为自己挺身而出，没有了自己的声音，那么就很容易受欺负。

另外，当"好人"也不是一个人的事情，这往往会给家人带来很大的困扰，让他们也跟着自己受罪。

甜甜和妈妈回家的路上遇到了隔壁王叔叔，王叔叔很喜欢甜甜，想要抱抱她，甜甜很不喜欢地说："叔叔，叔叔，不抱。"

妈妈看到王叔叔尴尬的表情，赶忙说："甜甜，叔叔从小就喜欢你，让叔叔抱一下吧。"

5岁的甜甜很是困惑，妈妈平时不是说不让男生抱的吗，怎么王叔叔可以抱我呢？

回到家里妈妈告诉她："甜甜，我们要做个好人，不要使人难堪。"

爸爸给甜甜买了一个漂亮的芭比娃娃，亲戚家小朋友妞妞来做客，妞妞很喜欢甜甜的娃娃，抱了很久都不放下来，直到离开也不愿意还给甜甜。

看着妞妞"我不带走誓不休"的样子，以及妞妞妈无可奈何的尴尬表情，甜甜爸大手一挥："拿去！"

甜甜哭闹着不同意，但布娃娃还是被带走了。

6岁的甜甜很迷惑：为什么我的东西，我不同意，就可以送给别人呢？

爸爸告诉甜甜："孩子，我们要做个好人，不要使人难过。"

26岁时，甜甜就职于一家大型国有企业，她是一个名副其实的"老好人"，总希望所有人都能喜欢自己。甜甜每天都笑容满面地出现在大家面前，帮大家买饮料，复印文件……时间久了，大家也就真的不拿甜甜当外人了，很自然地支使她做这做那，做不完的工作都推给甜甜，加班也总是第一个想到她。

最近，甜甜的老公去国外出差，甜甜很主动地对大家说，可以帮大家从国外带点化妆品、衣服一类的小商品。于是当天下午，一张密密麻麻罗列着衣装、化妆品、包包、婴儿配方奶粉的清单送到了甜甜的面前。

甜甜的老公接到这张清单以后，立刻打电话给她，指责她不应该这样大包大揽，因为自己是去工作，不是去旅游，哪有那么多时间选购这么多的物品。并且表示，这次自己不会给甜甜的同事带任何东西，希望甜甜能改掉这种"好人病"。

甜甜觉得老公这是在给她难堪——我们要做个好人，怎么能使别人不高兴呢？两个人隔着电话争执几句，之后便进入冷战状态……

不过，令人崩溃的还在后面呢，从递来这张清单以后，同事们隔三差五就问：你老公怎么还不回来啊？出差要这么久吗？家里还等着用呢！

甜甜分明是在做好人好事，怎么弄得自己跟欠谁的一样呢？

老好人，最直白的定义，就是委屈自己，幸福他人。就如甜甜一样。

但是，"老好人"也不是天生的，就像甜甜，她原本并不是一个"小好人"，但在父母一再替他人着想的影响下，她逐渐被同化了。

诚然，"替他人着想"是种美德，但教孩子无底线地替他人着想，美德也会成为枷锁。

无底线地为别人着想，会让孩子在不知不觉中丢弃自我，失去维护自己正当权益的能力。终其一生，这个阴影可能都无法摆脱。

大多数习惯取悦于他人的孩子，对拒绝和敌意有着根深蒂固的畏惧和焦虑，因为从小就学习如何尽力避免拒绝他人引起敌意，长大以后便戴上了友善的面具，只考虑他人而忽略自己。

他们不计后果地做好人，不计代价地希望得到别人认可，这样的行为，表明他们的心理健康已经出现了问题。

然而通常情况下，他们问题的根源还是家庭教育问题。他们的父母在他们的成长过程中，没有做好以下几点：

（1）没有给孩子足够的家庭安全感。

致使孩子成为老好人的重要原因之一，就是孩子缺乏安全感，因为对自己缺乏自信和安全感，所以他们千方百计讨好别人。

这与父母对孩子的关注度有很大关系。一些家长因为"忙"等种种原因，从而忽略了对孩子的关注。而一些孩子为了得到父母的关爱，就会想方设法"做好事"来博取父母的表扬与关爱。久而久之，便成了他们与人相处的一种行为模式。

所以不管你真的有多忙，请多花些时间来陪伴孩子，在孩子的成长过程中，给予孩子更多的关注、鼓励、肯定与引导，孩子只有拥有足够的安全感和自信心，他才不会一门心思去"讨好"别人。

（2）没有给孩子好的言传身教。

有些孩子的父母就是典型的"老好人"，他们的思维和行为时时刻刻都在影响着孩子。孩子把父母当成自己的模板，自然而然就学会了父母"有事您说话"的行为模式。甚至有些孩子稍微"自私"一点，就像年幼时的甜甜，还会遭到父母的制止和打压，责怪孩子不替别人着想。

久而久之，孩子就会根深蒂固地认为，他人的感受重要过自己的感受。

对于这种父母，我们还能说什么呢，只希望如果你的孩子还小，那么为了孩子，也为了你自己，请将自己的"老好人"模式删除重置。

（3）没有尊重孩子的自我意识。

与"老好人"父母刚好相反，还有一种父母，非常强势，凡事都喜欢替孩子拿主意，甚至不允许孩子有不同的意见。在当父母的强势管制之下，一些性格弱势的孩子不断被迫放弃自己的主见，进而学会了通过揣摩父母的心思来赢得父母的肯定和喜爱。然后久而久之，他们就失去了自主意识，对于外界评价的在乎程度远远高于自身的感受。

这类家长需要注意，孩子再小，他们也有自己的想法和需求，我们应该给予他们更多的机会让他们表达自己的意见，让孩子知道，自己的感受和想法才是最重要的。

总之，我们应该让孩子明白，人际关系的前提是平等互爱。彼此之间不平等，相互之间不尊重，这样的关系不要也罢。

我们应该把孩子培养成一个好人，但不要让他成为老好人。

第八章

情商教育与性格养成，
从小·让孩子成为备受欢迎的人

成长是一个"大事件"，"大事件"里的突发状况比比皆是，如孩子自卑懦弱、自私狭隘、交友困难、行为不良等等。然而这一切，又是孩子成长的必然经历。我们要做的是，通过引导，让孩子充分认清自己的行为，从而通过自身的理解和认知，养成积极的品质，以及一种日后踏上社会必备的生存技能……

是自卑是自信，全看父母如何牵引

所有人都有那么一点自卑，无论他是商业大亨还是市井平民，概莫能外。

自卑感是一种普遍存在的心理状态。适度的自卑可以使人认识到自己的不足之处，从而激发人奋发向上，拼搏进取。自卑感及其对它的克服、超越，可以使人完善自我，是人走向成功的起点和桥梁。如果没有自卑感，也就没了进取心。其实，人人都会产生自卑，只是程度不同而已。

然而，自卑一旦泛滥，就会变成灾难。

蕊蕊家里条件不好，爸妈是农村进城的务工者，他们虽然生活在繁华的都市，却几乎从未领略过都市的繁华。

蕊蕊从小就很自卑，觉得自己出身低下，在同学中自觉低人一头。这个天性活泼的孩子因此变得非常安静，在人前不苟言笑。蕊蕊妈妈说，老师说蕊蕊上课从不主动举手发言，提问到她时，也总是低头回答，声音听不清，脸蛋涨得通红；下课除了上厕所外，总是静静地坐在自己的座位上发呆，叫她去和同学玩，她会冲你勉强笑一下，仍旧坐着不动。蕊蕊平时总是把自己关在房间里，不和小朋友、同学们玩。遇到节假日，有时我们和亲戚相约一起聚餐，叫她一起，她都不来。

后来经过一次复读，蕊蕊考上了一所不错的大学，现在已经28岁了，大学毕业许久，有了一份还算不错的工作，但是28岁的她还没有交过一个男朋友。

蕊蕊觉得自己长得不够漂亮，也很在意糟糕的家庭境况，但在平时，她把自己的自卑刻意隐藏起来。

蕊蕊在同事面前显得骄傲和霸道，她在用虚张声势的表象掩饰内心深处的卑微，她因此与同事的关系非常糟糕，同时她自己也知道这种骄傲和霸道多么不堪一击。

在对待异性方面，蕊蕊有过失败经历——常常是她刚刚对人好一点，对方就表明态度——只能做朋友。几次以后，蕊蕊开始排斥异性，她甚至开始不善于与异性交谈、相处了。不过，看着身边的人都成双成对，她又忍不住心生嫉妒。

蕊蕊似乎很着急把自己嫁出去一样，这种着急近乎于盲目。每每遇到想和她做朋友的男士，她就会认为对方喜欢她，而当她得知对方并没有这层意思、是她自己多想了的时候，原先的喜爱就会变成一种怨恨：

"原来他在耍我！"

"这个男人是个渣男！"

"我还不稀罕与这样的人交往呢！"

从此形同陌路，老死不相往来，苦大仇深一般。但对方原本就只是想与她做好朋友而已。

像蕊蕊这样，被自卑控制了的孩子，他们在自我形象的评价上会毫不怜悯地贬低自己，不敢伸张自我的欲望，不敢在他人面前申诉自己的观点，长大以后不敢向爱慕者表白自己的爱意，行为上不敢挥洒自己，总是显得很拘谨畏缩。同时，对外界、对他人，特别是对陌生环境与生人，心存一种畏惧。出于一种本能的自我保护，他们便会与自己畏惧的东西隔离和疏远，这样便将自己囚禁在了一个孤独的城堡之中。

假如说别的消极情绪可以使孩子在前进路上暂时偏离目标或减缓成功的速度，那么一个长期处于自卑状态的孩子，根本就不可能有成功的希望，甚至已有的成绩也不能唤起他们的喜悦、兴奋和信心，只是一味地沉浸在自己失败的体验里不能自拔，对什么都不感兴趣，对什么都没有信心，不愿走入人群，拒绝别人接近。

世界上大多数不能走出生存困境的人，都是由于对自己信心不足，他们就像一棵脆弱的小草，毫无信心去经历风雨，这就是一种可怕的自卑心理。

想帮孩子重塑自信，我们首先得让孩子喜欢自己、悦纳自己。

（1）我们可以在心理医生的帮助下，对孩子的自卑进行心理分析，通过自由联想和对早期经历的回忆，找出导致孩子自卑的深层原因，并让孩子明白，自卑情结是因为某些早期经历而形成的，它深入到了潜意识，一直影响着自己的心态。实际上现在的自卑感是建立在虚幻的基础上的，是没有必要的。这样可以帮助孩子从根本上瓦解自卑情结。

（2）我们需要引导孩子全面了解自己，正确评价自己。你不妨将孩子的兴趣、爱好、能力和特长全部列出来，哪怕是很细微的东西也不要忽略。通过你的耐心发掘，孩子会发现，原来自己也有很多优点。同时，我们要引导孩子对自己的弱项和曾经的失败持理智客观的态度，既不自欺欺人，又不将其看得过于严重，而是以积极的态度应对现实，这样自卑便失去了温床。

（3）当孩子参与集体活动时，或是在各类型的公开课上，告诉孩子，不要坐在后面，不要怕引起别人的注意，直接就大大方方地坐在前面。要知道，敢于将自己置于众目睽睽之下，这是需要很大勇气的。如果孩子做到了，他的自信势必会得到提升。

（4）在孩子遇到挫折时，我们应引导孩子从多角度辩证地看问题，形成"合理化认识"。例如，当考试成绩差时，可以强调考试时临场发挥不好或考试环境不利等外在原因，以减轻孩子的压力。同时，要教孩子利用自卑补偿法和转移法等心理防御机制保持心理完整或平衡，让孩子认识到，某一方面的缺陷和不足可以通过其他方面的完美和丰富进行补偿和矫正。例如，长相平平，就可以用优异的成绩来补偿；学习一般，可以通过训练，获得诸如书法、雕刻、绘画、音乐等他人所不及的特殊能力。教会孩子理智地对待缺陷，寻找合适的补偿目标，从中汲取前进的力量，他们就能把自卑转化为一种奋发图强的动力。

总之，作为父母，我们应帮助孩子重新认识自己，不要只盯着自己的缺点不放，当孩子开始喜欢自己、接纳自己时，他们也就成功地远离了自卑。

羞答答的孩子，你就让他静悄悄地"开"

虽然很多孩子都会害羞，但这绝不是你骂他的理由。

通常来说，孩子都希望自己成为好孩子，但对于害羞的孩子来说，他们最怕的就是爸爸妈妈对自己的批评和指责。很多时候，孩子原本已经对自己的害羞行为感到惭愧，如果爸爸妈妈还一味责怪，他们必然会难受至极，长此以往，孩子还会因此失去自信。

其实，有时候孩子表现得有点小害羞，并不是什么大事，但如果我们总是过分关注与强化这部分的"小害羞"，不知不觉间反而会让孩子的害羞得到固化。因为孩子接收到的是你否定的信息，这等于在不停地和孩子说："你是害羞的！"我们不要过多传达这样的指令，不要在孩子的潜意识里贴上了害羞的标签。

因此，如果孩子很害羞，我们就算感到很焦急，也不要恨铁不成钢地惩罚或贬损、强迫孩子，任何过度处罚都可能造成孩子害羞成性，尤其是当着别人指责与羞辱，等于将孩子推上了害羞的不归路。我们应该对孩子给予足够的理解和尊重，让孩子明白，爸爸妈妈理解他们，并正在帮他们找到害羞的真正原因。当孩子感受到来自父母的支持以后，他们才会积极主动有效地树立信心。

崔女士的儿子安文去年升了初中，不知道为什么，孩子变得越来越害羞，上课不敢主动举手回答问题，遇到陌生人时，总是满脸通红，一副羞怯的模样。班上有什么集体活动，他总是喜欢跟在别人后面，别人干什么，他就干什么。

有一天在课堂上，老师提问安文了，可是他涨红了脸，支支吾吾半天都没有说出一句话，同学们哄堂大笑，这下安文更是窘迫不堪了。课后，老师及时给崔女士打了电话，把孩子的状况和她详细说了一下。

放学后，当孩子一个人低着头走出校门的时候，意外地看见了等在门口的妈妈。孩子当时也很奇怪，是谁走漏了风声，让妈妈知道了自己今天在班上的表现？

崔女士微笑地向孩子招手，安文来到妈妈面前，怯怯地叫了声："妈妈。"

崔女士对孩子说："嘿，我的帅儿子，怎么一副垂头丧气的模样呢？"

安文低声问道："你知道我今天在班上的表现了吧？我很没用是吧？"

崔女士搂着孩子的肩膀，亲切地说道："才没有呢！你很棒的，妈妈觉得你很棒！所以，为何不试着让大家多了解你一点呢？很多事情你也一定能做得很好！大胆一点，嗯？"

安文听了妈妈的鼓励之后，心中涌起了一股暖意。后来，在妈妈的帮助下，安文渐渐学会了如何在别人面前大声地说话，表达自己的想法，上课也开始积极举手回答问题了。最近，安文还代表班级参加学校的演讲比赛呢！

治疗孩子的"害羞病"，父母的态度最重要。

当孩子出现怕生、害羞的情况时，父母当场给予难堪和指责，就是在摧毁孩子所剩无几的信心和自尊。这个时候，我们应该及时为孩子打气，耐心引导他打开心房。当孩子有了好的表现时，更别忘了及时给予他鼓励和赞美，孩子才会越来越有信心表现自己。

事实上，害羞的孩子对于自己沉默寡言、不善表现的状况并不是不想改善，而是不知从何着手或应该如何去做。换而言之，在精神上，孩子并不想与人隔绝，但在自己与他人之间，他们又不知道如何相处，也不知道如何彰显自己。因此，理解孩子并进一步提供辅导，是我们做父母的必须要学会的功课。

（1）要帮助孩子，我们首先要改变自己的心态，正确对待孩子怕羞的问题。有些家长看到别人家的孩子说话大大方方，响亮清脆，而自己的孩子却扭捏着不愿意吭声，内心里就又气又急，其实这是完全不必要的。

（2）我们不要当着别人的面说孩子胆小害羞，更不要拿别人家的孩子与他做对比，说"看××家孩子多大方，你真没出息！"之类的话。这样的表达，会让孩子错误地认为父母不喜欢或嫌弃他，让孩子对自己产生错误的认知和评价。害羞，对孩子来说，原本是个很自然的事情，甚至孩子都不会意识到这有什么问题。可如果我们把他错误地展现到别人面前，他会认为自己出了问题或有缺陷，与别人不一样了。因此，千万不要给孩子戴"害羞"的帽子。你可以委婉地说，孩子只是不适应，过一会儿就会好。

（3）在日常生活中，我们要给予孩子足够的抚慰。当孩子慢慢长大以后，应多多了解孩子的内心活动。要教会孩子最重要的东西——自信。"你太优秀了""你很棒"，这样的赞美之词不要吝惜。

（4）要多给孩子以鼓励，让孩子得到肯定和表扬。胆怯的孩子本身就自责，缺乏勇气，在做某件事之前，预见的结果是自己不行。如果这时给他一些鼓励，增强他的勇气，他会把事情办得很好。

另外，一般羞怯的孩子会担心别人瞧不起自己而不去交朋友。这时我们就应该鼓励他，可以让亲朋好友或比较熟悉的孩子与他一起玩，克服他交往的恐惧心理，然后再鼓励他在同学中交朋友。当孩子带朋友到家中时，我们要表现出足够的热情，别不当回事，以增强他交朋友的勇气。

总而言之，在平时，父母应多鼓励孩子参加学校的文体活动，多鼓励孩子在公共场合发言，支持孩子参加有益的社会活动。千万别让孩子生活在集体活动的圈子之外。当孩子找到自己感兴趣的事情时，就很容易摆脱羞怯情结。

人一多就害怕，怎样让他大大方方开口说话

现代社会，特别是市场经济条件下的许多场合，敢于、善于当众讲话，是向他人展示自己才能的重要方式。特别在工作汇报、经济洽谈、理论研讨、艺术交流、诉讼争辩、纠纷谈判……这些场合，当众讲话的能力尤其显得重要。实践证明，敢于并善于当众讲话的人，会得到更多的好印象。因此，他们在求职应聘、提拔晋级以及工作学习中，将会赢得更多的机遇、争得更多的权益、得到更多的尊重、获取更多成功的

机会……

在日常生活中，我们也会有这样的体会：

沟通能力强的人能把平平常常的话题讲得引人入胜；沟通能力弱的人即使讲的内容非常好，听起来也会让人觉得索然无味。

有些建议，沟通能力强的人一说就通过了；而那些沟通能力弱的人却连诉说的对象都没有。

同样一件需要与别人商谈的事情，不同的人去面谈，结果大相径庭，有的人不仅达不到 5×5 的效果，甚至连 5+5 都做不到。如果成了 5−5，那就真应验了中国那句古话：成事不足，败事有余。

我们的孩子，如果连与人有效沟通、当众讲话的能力都没有，那么还谈什么发展呢？在美国，曾有人向 2000 多位老板做过这样一个问卷调查："请查阅贵公司最近解雇的三名员工的资料，然后回答：解雇的理由是什么？"结果是，无论什么地区、无论什么行业的老板，2/3 的答复都是："他们是因为不能与别人有效沟通而被解雇的。"

沟通能力，不仅仅是口才问题，实际上是一个人整体素质的外化。培养孩子的沟通能力，就是提高孩子的整体素质。沟通能力的提升，能全面提高心理、思维、表达素质，从而帮助孩子正确认知自我，树立自信，充分挖掘自身潜力。

如果我们现在不注意，等孩子长大以后，他们会更让人担忧。不善于表达的孩子，容易被人忽略，因为胆怯，他们在生活、工作、恋爱中，都会遇到许多挫折和障碍。

文静，人如其名，文静端庄，在别人眼中也是一个不错的女孩子，就是非常腼腆害羞的。文静说，这已然成了她的困扰。

文静从小就不爱说话，因为母亲性格比较温和，所以她只是与母

亲沟通的多一些。父亲比较强势，只要文静犯了错，张口就骂，尤其
是家里来客人的时候，父亲对文静的要求更是十分严格，幼年的文静
在外人面前总是压抑着自己的情绪。

文静上学时成绩中上等，因为性格内向、腼腆，所以一般不会受
到老师的批评，但也很少得到表扬，可以说没有多少人关注她。

文静很害怕在课堂上发言，担心说不好别的同学会取笑，一开口
就紧张，脸也红得像苹果一样，讲话也不利索了，如果有个别同学嘲
笑她，她就更紧张。

大学毕业以后，文静进入了一家前景不错的公司，工作任务不重，
没什么压力，但文静的心里却放不开，总觉得自己很幼稚不成熟，没
有自我感和思想，和同事们一直格格不入，不能融入他们。

文静尤其在意别人对自己的看法和评价，在人多的场合很不自在，
每次遇到开会和当众发言的情况，就无法放松下来，全身紧张；一遇
到重要的社交场合，文静就开始担心自己不会说话又脸红，怕当众出
丑，有时只好找借口推掉。文静因此失去了很多重要的机会，上司对
此颇为不满，她自己也很痛苦。

很多人和文静一样，因为性格或小时候的一些经历，变得紧张害
羞、惶恐不安，不善言谈。他们害怕即将发生的事情出现最坏的结果，
他们似乎时刻都在等待着不幸的到来。具有这种消极心理的人，总是
有很强的挫败感，会认为某些尚未发生的事存在威胁。这种情况属于
心灵成长退缩后引起的恐惧症，常表现为会议恐慌预期焦虑和当众演
讲发言恐惧，这种怯场心理不仅会妨碍人的学习和工作，还会损害身
心健康，极大地抑制了人们自身具备的语言潜能的发挥，也使其公众
形象在一定程度上打了折扣。实际上，恐惧只是一层窗户纸，如果我

们能在孩子童年时期就帮他们捅破它，当他们长大以后，面对再多的人侃侃而谈，也不会惶恐不安了。

想要帮助孩子战胜讲话恐惧，首先我们要弄清导致孩子恐惧的原因。

在儿童心理学分析上，孩子害怕在众人面前讲话，其原因大致有以下几点：

其一，生理、心理的因素。体弱多病，动作迟缓，外貌体态上有缺陷等先天不足，常会使孩子在生活中受到冷落，久而久之，孩子就会感到心理压抑，逐渐形成一种自卑感，在人多时不敢露面，更谈不上当众讲话了。

其二，有的孩子并无生理缺陷，但其神经类型造成他郁郁寡欢。

其三，家庭因素。家长专制、粗暴、冷淡、歧视甚至打骂孩子，孩子就会孤僻。

对待第一种类型的孩子，我们应在情感方面给予他加倍的关心与爱护，及时发现孩子身上的闪光点并送上鼓励和赞扬，尤其注意，应在众人面前多列举他的优点，并给他讲一讲有关保尔、吴运铎、张海迪等人物的故事，帮助他树立自信心，让孩子感到大家都很关心他、爱护他，这样孩子在众人面前也就敢于表达自己的情感、愿望和要求了。

对于第二种类型的孩子，虽是神经类型造成他们的郁郁寡欢，但父母应给予矫治，鼓励孩子积极参加活动，有问题和有自己的见解后勇于说出来，这样孩子在各方面都能受到锻炼。

第三种类型纯属环境影响，矫治的办法是父母应首先亲近孩子、与孩子建立感情，切忌对孩子管制多、批评多、禁令多，即使是孩子犯了错误，也要弄清楚，然后再决定批评的方式方法。

事实上，当我们给予了孩子足够的自尊心、自信心和自控能力以后，他们再遇到问题就能够进行自我调节。这样他们就会渐渐变得活泼开朗，会渐渐具备在大庭广众面前大胆流畅地表达自己思想的能力，抓住一切机遇去展示自己的才华。

爸妈有耐心，就能治愈孩子的社交恐惧症

朗朗今年 4 岁，原来跟爸爸妈妈生活在一起，后来生活压力日渐增大，妈妈准备重新开始工作，就将朗朗送到了幼儿园，另一方面也是想让他适应一下集体生活，为将来进入小学做准备。没想到刚过两周，幼儿园老师就告诉他们，这孩子可能有社交恐惧症，建议朗朗爸妈带孩子去做心理辅导。朗朗爸妈一开始根本不相信，心想孩子每天在家里笑逐颜开，别提多快乐，而且每天都绘声绘色地对自己讲述在幼儿园学到了什么新东西，怎么看也不像心理异常啊！于是在老师的建议下，朗朗爸妈决定到幼儿园看个究竟。

在老师的安排下，朗朗爸妈躲在儿子所在班级的窗外观察。他们发现，无论是课堂上还是自由活动时间，自己家孩子都躲在其他小朋友的后面。课堂上，老师提问，他从不积极回答，老师问到他，他也是低着头、红着脸，声如蚊哼含含糊糊不知在说什么；自由活动时，

其他小朋友都聚在一起玩耍，只有他一个人搬着小板凳坐在角落里玩积木。同时，朗朗妈回忆起，晚上带孩子散步，孩子见到小区里相识的叔叔阿姨，从不主动叫人，要么假装没看见，要么故意往自己身后躲。

这样的现象在许多孩子身上都很常见。

年龄小的孩子，由于缺乏独立生存能力和社交经验，在离开父母独自面对陌生人的时候，都会产生焦虑情绪。一般来说，随着和陌生人交往程度的深入，焦虑情绪会逐渐减弱，最终成为"熟人"。但如果长时间地、反复地出现持续性焦虑情绪和回避行为，孩子可能就是患上社交恐惧症了。

儿时的社交恐惧症对孩子成人以后的社会生活影响严重。尽管社交恐惧症对人的智商不会造成什么损害，但有社交恐惧症的人，因为"不善沟通""难以相处"，往往有才能也无法表现，有能力也无法施展。

孩子需要和同龄伙伴玩耍、交流，这是孩子认知世界的重要途径。

现如今，"人际交往"技能已经被列为孩子的基本智商之一。正像菲律宾大学临床儿童心理学家马·劳迪斯·卡兰丹所说的那样："一个社交能力低下的孩子比没有进过大学的孩子具有更大的缺陷。"

作为父母，我们首先要明白，教会孩子和小伙伴们交往，是每个孩子孩童时期父母的天职。

（1）我们应该从最普通的基础开始，也就是说，要从最基本的开始教起。孩子常常模仿着他们看到的社交习惯和方式，当中，他们最容易学到的就是父母在家里接待来访者的习惯和方式，所以我们要时刻注意自己的社交方式。

（2）孩子听父母讲话时会不耐烦，有时候会打断父母的谈话，让父母分享他的看法，这是很正常的。和孩子谈话时，我们应该采用轮流讲话的方式，要多听他讲话，而不是向他训话。

（3）鼓励孩子大胆与人交往，父母适度的提醒、节制是必要的。但是，必须看到朋友对孩子发展的不可或缺性，限制过多必然得不偿失。因此，我们应该鼓励孩子大胆与人交往，特别是要引导孩子为弥补个人缺陷而交往，这对孩子来说是一种挑战的机会，这样会给孩子带来突破性和均衡性的发展。

（4）同时，我们也要尽量给孩子创造与人交流的机会，比如在外面用餐，需要纸巾或添加碗筷时，可以让孩子自己去找服务人员要；在超市，给孩子点钱，让他自己选购想要的东西并结账；外出时，我们可以佯装不认识路，让孩子去向陌生人问路；等等。当孩子完成任务以后，他们会从中获得成就感。这时，父母别忘记多多表扬鼓励，让孩子更加享受与人交往的乐趣。

另外，我们应当欢迎孩子带朋友回家，如果你家里装修得富丽堂皇，又打扫得一尘不染，而几个调皮的孩子进入你的家门，你会欢迎他们进来吗？如果你这么做了，家虽然被搞乱了，却成为了孩子们的天堂；如果你拒绝了孩子们，哪怕稍有不悦，敏感的小精灵们都可能敬而远之。你一定明白，两种态度必然会有不同的结果。毫无疑问，让孩子拥有伙伴并快乐地生活，比房间的整洁漂亮重要上万倍！

孩子太"独"，这样教他与小伙伴相处

婷婷是家里唯一的孩子，当然是深受爸爸妈妈的宠爱。从小时候起，家里所有人都会不约而同地把好吃的、好玩的留给婷婷，婷婷逐渐地变得很"独"。

有一次，爸爸下班晚了，实在太饿了，进家坐下后顺手拿起婷婷的饼干就吃起来了。事实上，这些饼干已经买回来好久了，婷婷根本不喜欢吃。然而，婷婷看到后却立刻发起了脾气，让爸爸把饼干还给她，甚至伸手要到爸爸嘴里去抢，尽管爸爸一再表示，第二天一定给她买来更多的，但还是不能说服婷婷，她不仅哭闹，而且还躺在地上打滚，不依不饶。最后，还是爸爸说带她去吃肯德基，才算平息了婷婷的怒火。

婷婷的玩具更是绝不让别人碰，幼儿园的小朋友明明来家里玩耍，看见婷婷的天线宝宝非常好玩，便忍不住用手去摸摸，并且对婷婷说："你的天线宝宝好神气呀！"说话的过程中，他的眼神中流露着对那个天线宝宝的喜爱，明明是多么希望能玩一会儿。可是婷婷却很小气地将天线宝宝藏起来了，并且对明明说："这个是我爸爸买来让我玩的，你回家让你爸爸给你买呀！"

现在的孩子身上，这样的情况并不少见，他们一切以自我为中心，无论是父母、老师还是小朋友，都要围绕着自己转。这样的性格，在父母面前或许没问题，可到了学校，到了社会，他们怎么能够与别人和谐相处呢！

孩子凡事以自我为中心，如果父母再放任不管，必然会影响到孩子的发展。他会成为一个彻底的自私自利的人，这样的孩子即使再聪明也没有用，因为一个人不能独立地在社会上生存，他必须要与人合作，而这样的孩子是走到哪里都不会受欢迎的。

那么，现在的孩子为什么变得这么"独"呢？

一个孩子，如果从小在家庭中处于中心地位，父母给予太多的关注，那么他长大以后并不能意识到自己已经是大人了，依然会对父母表现出很强的依赖性。他们只考虑自己的存在，不考虑其他人的感受，只对对自己有利的事感兴趣，而对其他事漠不关心。

所以孩子"独"，最应该反思的是父母。

是我们的爱没有界限，给了孩子太特殊的地位，对孩子有求必应，才让孩子以为：他所有的要求，别人都应该无条件满足。孩子自然而然会认为，向别人索取以及别人的给予都是理所当然，他怎能够不以自我为中心？

尽管我们不能把孩子当成大人，处处以成人的标准要求他，但我们必须把他看作是正在长大的人、即将长大的人，让孩子认识到人与人之间是平等的，懂得共享为乐、独享为耻的道理，帮助他建立群体意识和关怀意识，是非常必要的。

纠正孩子处处"以我为主"的观念，需要我们在日常生活中多加注意。有时候，同样的一件事情，我们换个方式对孩子说，就能起到正面引导的作用。

比如，吃饭的时候，我们为人父母心疼孩子，摆在他面前的一定是最好吃的菜。听说孩子吃虾对生长发育好处多，于是孩子面前的碟子里就会堆满剥好皮的大虾。很多家长会说："宝宝多吃点，爸爸妈妈不喜欢吃虾。"这样做的结果一定会导致孩子不顾他人自己大吃特吃，因为思维简单的他们真的就以为大人不爱吃。更可怕的是，有些家长会说："慢点吃，没人跟你抢，宝宝爱吃，就都是你的。"久而久之，孩子一定会以为：我爱吃的，就都得给我一个人吃。这就潜移默化中养成了孩子"吃独食"的习惯。

同样的事情，换一种说法效果就不一样了。你可以这样对孩子说："宝宝现在正在长身体，大虾很有营养，爸爸妈妈希望你多吃一点，长得个子高高、身强体壮的。"这样，孩子才能体会到父母"爸爸妈妈是因为爱你，才会省下来给你"的心思，才能体会到"爱"与"被爱"，"施"与"得"的情感，才会明白什么是"分享"与"回报"。孩子有了这些情感体验，以自我为中心的行为会自然而然逐渐减少。

另外在日常生活中，我们应该有意为孩子制造与同伴交往的机会，教育孩子要学会分享。比如，当孩子吃东西的时候，教给他要分给别的小朋友；当他有了好玩的玩具时，教给他和其他小朋友一起玩才会有趣。

我们最好引导孩子和比他大的孩子在一起玩耍，这样较大的孩子不仅可以适当带领、照顾他，而且可以培养孩子与伙伴友好合作的意识，教育孩子虚心学习伙伴的长处，尊重别人的意见，珍惜与小伙伴之间的友谊，让孩子知道"己所不欲勿施于人"，孩子就会一步步从狭隘的圈子中跳出来了。

把孩子间的嫉妒，转化成良性竞争

　　姜女士家有两个小可爱，姐姐比妹妹大两岁，两个孩子整天在一起玩。有一次，姜女士把新买来的一大盒橡皮泥拿出来给两个孩子玩，让她们比赛看谁捏得好。

　　两个孩子玩得很开心，没过多久，小女儿就跑到客厅，手上拿着自己捏好的橡皮泥模型对妈妈说："妈妈，这个恐龙是我捏的。"姜女士看了看，不是很像，可是为了鼓励孩子，就对她说："继续加油！"

　　又过了一会儿，大女儿手中也拿着一个捏好的橡皮泥模型，姐姐大一点，理解、动手能力自然比妹妹强些，捏的恐龙更形象。于是，姜女士就夸大女儿捏得真像，小家伙开心得又蹦又跳。片刻工夫，姜女士就听到了老大的哭声。

　　原来，是因为妈妈对大女儿的夸赞引起了两个孩子的争执。姐姐在得到夸奖后，走到妹妹面前得意地说："妈妈说我捏得真像！"这句话一下子惹恼了妹妹，小家伙冲上前抢过姐姐的橡皮泥捏得乱七八糟，还扔在了地上，姐姐气得哭了起来。

　　姜女士和朋友谈起这件事时，一脸的无奈，感慨道："想不到这么小的孩子，也有这么强的嫉妒心。"

　　嫉妒是人类精神发育中自然出现的情绪，嫉妒心理可谓"人之常情"，孩子也不例外。

两三岁的孩子就会产生嫉妒和敌意了。当大人把注意力转向别的孩子时，或者对别的孩子赞赏有加，他就会心里不舒服，他会变着法子把大人的目光再吸引过来，或者采取非常行为找对方的别扭。往往，父母看到孩子的反常举动时会说："你不可以这样！怎么可以欺负人呢？你要和他好好玩才对啊！"但事实上，这并不能帮助孩子，孩子会更加愤怒。

嫉妒心重的孩子用显微镜看世界，嫉妒给孩子带来的痛苦最多，而关心这个问题的父母并不多。

其实，人人都有嫉妒心，适度的嫉妒并没有多大的坏处，甚至可以成为一种积极因素。孩子希望自己比别人强，是件好事，当别人超过自己，心里就不痛快，也是人之常情。但如果孩子一味地与人做比较，总希望风头在自己身上，甚至为此不择手段，那就是一种心理病了。

很多时候，我们难以察觉孩子的嫉妒心理，多半是因为孩子并不直接表达嫉妒，而是在其他行为的掩饰下发泄出来。如果仔细想想你会发现，孩子身上的许多毛病都是由嫉妒滋生出来的。严重的嫉妒心能把孩子完全毁掉，这不是危言耸听。

对孩子来说，嫉妒是一种自我折磨，会让孩子在痛苦中煎熬，直接影响他的身心健康。而且，心怀嫉妒的孩子人际关系基本好不了，因为他常常会对人冷言冷语，在背后说别人的坏话，故意挑刺儿，设法让对方难堪，等等。它不仅会破坏友谊，而且会将自己置于被嘲笑和孤立之下，让自己的道德一落千丈。

有严重嫉妒心的孩子，容易把怨恨指向别人，想方设法攻击对方，或千方百计把跑在前面的孩子拉下来，让他和自己一样"逊色"，或是比自己还要略逊一筹。同时，孩子的性格也会日渐古怪起来。例如，敏感多疑、脆弱抑郁、偏执浅薄、自暴自弃等等。正如莎翁所说的那样："嫉妒是绿色的妖魔，谁做了它的俘虏，就要受到它的愚弄。"

当然，嫉妒不能根除，而我们的责任在于，阻止嫉妒把孩子变成一个心术不正、不择手段、敏感脆弱的人。

要防止孩子嫉妒心理恶化，我们除了要指导孩子正确地认识和评价别人外，更重要的是，要尽量避免进一步刺激孩子的嫉妒心理。比如：

（1）不要拿别人家孩子跟自己的孩子比较，不要在孩子面前强调，别人家孩子比他好，这会让他对别人家的孩子恨意顿生。

当然，当孩子说别人家孩子不好时，我们也不要去附和，帮孩子做些分析，别让孩子带着偏见。

（2）当孩子嫉妒发作，情绪波动时，我们不要一味压制，先让他发泄，这样有助于孩子消除敌意，然后再根据他的行为分析他的错误，让他认识到自己的嫉妒是多么幼稚的行为。

（3）教育孩子在竞争中学会宽容，在培养孩子竞争意识的同时，培养孩子拥有好的竞争心态，同时告诉孩子，竞争的过程中要宽容对待他人，让他明白竞争的真正意义。

（4）教孩子在竞争的过程中合作双赢。只有竞争没有合作，人只能变得孤立，人际关系也会变得紧张，对自己以后的成长不利。你可以告诉孩子："如果你可以和小伟合作，取长补短就好了，你们俩都一定会变得更棒！""我知道强强在投篮方面比你优秀，但是你在攻防方面比他强很多，如果你们两个联手打一场比赛，获胜的几率一定很大。"

最后，我们要设法使嫉妒的消极作用向积极方面转化。要做到这一点，关键是抓住两个方面：

一是要抓住他嫉妒的人"优秀"的原因做分析，让孩子明白，别人为什么是优秀的，是怎样努力做到优秀的，让孩子去比较过程而不是结果，让他去跟别人比努力。

二是要指导孩子进行自我分析，帮孩子认清自身的缺陷和赶超对方的优势及途径，避免自暴自弃、自卑自怜、怨怒攻击等不良心理的持续侵扰。

孩子疑心重，和他一起换个角度想想

有些孩子疑心也很重。老师让他回答问题的次数少了，他就猜想老师可能不喜欢自己了；朋友没有看到他，他就认为朋友肯定对他有意见了……孩子被这些莫须有的东西困扰着，天天精神紧张、情绪低落。如果孩子对什么都持怀疑的态度，并且为自己的怀疑去搜集各种"证据"，这样不但影响孩子的学习成绩，还会给孩子带来心理上的疾病。

狭隘的心胸使孩子无法接纳别人对他的评价，也就无法找到正确的生活判断。这类孩子心有疑惑，不愿公开，也少交心，整天闷闷不乐、郁郁寡欢。由于自我封闭，阻隔了外界信息的输入和人间真情的流露，便由怀疑别人发展到怀疑自己，变得自卑、怯懦、消极、被动。这样便不能轻松自然地与人交往，久而久之，不仅自己心情不好，也影响到人际关系。

17 岁本应是朝气蓬勃的年纪，可小坤却与别人不一样。听小坤爸妈说，他们也是最近才发现孩子变得很奇怪，很多疑。起初，他们以为小坤正处在青春期，是正常现象，也就没太在意。可又观察了一阵，小坤的反常表现不但没好转，还越来越多疑，老是担心吃的饭里有人下毒，觉得别人在背后骂自己，有人跟踪自己，等等。小坤爸妈这才重视起来。

小坤从小品学兼优，在家人眼里是个努力上进的好孩子，去年，他以优异的成绩考上了市里的重点高中，眼看高考不远，却出现这样的情况，小坤爸妈很担心，将小坤带去咨询心理医生，结果指向：猜疑症、被迫害妄想症。

在人际交往中，孩子都渴望得到别人的理解，但又不知道如何去理解别人，于是各种猜疑心就滋生了。面对爱猜疑的孩子，我们具体应该怎么办？

在这方面，小远妈妈的做法非常值得我们借鉴。

前些天，小远带去学校买资料的钱被他弄丢了，虽然数目不大，但是毕竟是他的过失，于是妈妈批评了他几句。小远也很郁闷，小脑袋作冥思苦想状，想要找出来究竟是在哪个环节丢的。后来小远跟妈妈说，他怀疑班上的一个同学，因为他昨天的言行举止有些可疑。

小远和这个同学本来很要好，但前段时间因为大扫除的事情有些不愉快，所以小远越想越肯定自己的想法，妈妈还是觉得他带着很强的主观情绪。那个孩子平素学习和品行都非常好，有着很好的家庭教养，小远妈妈觉得他不会因为一点矛盾做这样的事情。

最后，妈妈反过来建议小远不要再纠结这件事了，生活中因为马虎而丢东西的事情很常见，自己马虎了以后吸取教训就行了。其实，跟买资料的那点钱相比，妈妈更希望孩子能有个好的心态，不要轻易去怀疑朋友。

小远妈妈之所以放弃这个教育孩子不可马虎大意的机会，一方面是出于对那个孩子的了解和信任，另一方面是觉得朋友之间最大的敌人就是怀疑。

孩子在这个世界上不可能是一个孤立的个体，他长大以后或多或少都会与周围的人建立关系，既然会建立关系，而人又是情感动物，所以自然而然会与周围的人产生感情。亲情、友情、爱情都是人世间最珍贵的感情。真正的朋友是相互信任的，需要尽量去避免信任危机带来的悲剧。

看着小远依然心有不甘的样子，妈妈给他讲了一个故事：

有一个人想挂一幅画。他有钉子，但没有锤子，邻居有锤子，于是他决定到邻居那儿去借锤子。就在这时候他起了疑心：

"要是邻居不愿意把锤子借给我，那怎么办？"

"昨天他对我只是漫不经心地打招呼，也许他匆匆忙忙，也许这种匆忙是他装出来的，其实他内心对我是非常不满的。对什么事不满呢？"

"我又没有做对不起他的事，是他自己在多心罢了。要是有人向我借工具，我立刻就借给他。而他为什么会不借呢？"

"怎么能拒绝帮别人这么点儿忙呢？他是不是还自以为我很依赖他，仅仅因为他有一把锤子！我受够了。"

于是他跑到邻居门口，按响门铃，邻居开门了，还没来得及说声"早安"，这个人就冲着邻居大喊道："留着你的锤子给自己用吧，你这个恶棍！"

小远听得笑出声来，说这个人好有趣，明明都是自己以为的，却怪别人。

妈妈摸了摸小远的小脑瓜，问他："那你觉不觉得你刚才的那些怀疑，和这个人有些像呢？"

小远吐了吐舌头，说："妈妈，我明白了。明天上学，我就主动和小旭和好。"

妈妈很欣慰地对小远笑了笑，她的目的达到了。

"那么小远，我们再来谈谈马虎大意这个问题。"

小远的小脸皱成了个"囧"字。

当孩子抱怨身边的人和事，陷入猜疑之中时，父母要教育孩子用理智克制冲动情绪的发生；应当立即帮助他寻找产生怀疑的原因，"换个角度想想"，在没有形成循环思维之前，引导他用正反两个方面的信息思考，冷静思索有助于看清问题。

误会也是导致孩子猜疑的重要原因。生活中，孩子难免与父母、老师及小伙伴发生误会。误会是滋养猜疑的温床，消除它的方法是积极为孩子做好情感交流工作。我们应引导孩子多与人接触交往，通过聊天、游戏等活动，增进孩子与我们、与周围的人的情感交流，培养孩子与小伙伴间的信任情感。

父母要教孩子学会开诚布公地交流，倾诉心中的疑惑。每个人的心情不可能始终快乐，哪天碰到不顺心之事，可能就会很少说话，或者不搭理别人。此时猜疑可能就会随之产生。我们要教孩子学会不把自己的猜疑埋藏在心底，不去进行假想臆断，而是去与被猜疑者进行开诚布公的交流沟通。只有孩子诚恳地说出自己的疑虑，与被猜疑者推心置腹地深谈一次，才会弄清楚事实的真相，才能够冰释前嫌，孩子心里疑虑消除的同时，友谊也会重新建立起来。

把博爱之心，从小种植在孩子的心中

我们总是希望自己的孩子天资聪颖，希望他们学好知识，将来出人头地。但是，在读书和做事之前，还有一件事要先做好——那就是做人。

——让孩子尽自己的所能去帮助别人，他会变得很快乐；

——让孩子关心别人的痛苦和不幸，设法去帮助别人减轻或消除痛苦和不幸，他会变得高尚；

——让孩子时常为他人着想，会丰富他的生活，增加他的涵养。

只有爱人，才会被人所爱，我们有义务鼓励孩子在与同伴的交往中，去关心、帮助、理解别人。

爱心，是孩子心理健康的一个十分重要的内容，尤其在儿童时期，孩子的身心发育最为迅速，是最关键的时候。因此，在这个阶段呵护孩子的爱心，对塑造他们的良好性格和健康行为都具有十分重要的意义。不过，孩子认知肤浅，判断能力差，缺乏独立性，心理活动带有暗示性和模仿性。在他们眼里，父母的行为就是一把尺子，认为父母做的，他就能做；父母怎样做，他就应该怎样做。因此，有时我们说得再多，孩子也听不明白，但是我们做了，孩子心里就会感受到。

那年年底，王女士带着儿子浩浩回娘家，一位卖"财神"画的老人去家里推销。当时，他们正在吃午饭，王女士的母亲说家里已经有了，不需要。老人转身想离开，突然又回过头来，用很小的声音说，"要不我送你们一幅'财神'画，给我一碗饭吃，可以吗？"看得出，他是真的饿了，提出这个请求时，他自己的表情都非常尴尬。

王女士的母亲很自然地答应了："这附近几个村子，也没有一家餐馆，看出来你是真的饿了，又买不到吃的，刚好我姑娘和外孙回来了，今天饭菜做得多，就一起吃吧，那幅画给不给都没事。"

"谢谢，您真是菩萨心肠！谢谢！一定要给的。"

当时，王女士是很受震动的，她为自己的母亲感到自豪。看到老人很是拘谨，根本不好意思夹菜，王女士取了双干净筷子，给老人夹了排骨、鸡翅放到碗里，老人的眼睛有些红了，不住地道谢。他说自己从河南老家来东北投奔女儿女婿，想着自己做点事给孩子分担一下压力，今天走到这里竟没找到一个卖吃食的地方。他还说东北的米饭真好吃，他们老家都吃面。

当时，浩浩就在旁边眨着大眼睛默默地听着、看着。王女士觉得，这对孩子来说是很好的人生一课。在培养孩子爱心的过程中，父母的榜样作用至关重要。因为身教胜于言传。

孩子天生都是善良的，他们也很乐于去关照他人，但是由于孩子年纪还小，缺少判断是非的能力，而家长的反应就成了孩子判断对错的标准，因而"赏善"就成了教育孩子最简单有效的方法。奖赏孩子的爱心行为，孩子得到肯定和表扬，他就愿意把这种行为持续下去。

欢欢是家中独苗、心肝宝贝，今年被评选为三好学生、十佳少先队员。家长会上，老师表扬欢欢说："欢欢同学学习成绩优异，开朗又活泼，不怕吃苦，更难得的是热心助人，总是主动帮助同学，从不藏私，在班里十分有号召力。"当时，好多家长都问欢欢妈妈，怎么把孩子教育得这么出色懂事？还有一位家长诉苦，说她儿子虽然学习成绩很好，但却待人冷漠，不善于合作，这样下去将来到社会上怎么吃得开呀！

欢欢妈妈坦言，孩子以前也是这个样子，但从她4岁起，她和欢欢爸就下决心帮女儿改变这种冷漠心态。他们试了很多方法，带她去希望工程捐款，给她讲乐于助人的道理、故事……可效果都不是很理想。

后来，欢欢妈妈偶然间在一本育儿书中学会了一招"赏善计"。小孩子嘛！总是喜欢被奖赏的，欢欢父母就按照教育专家说的，每当她做了一点好事，哪怕是对周围的人有一点热心的表示，他们就立刻抓住机会表扬她、奖励她。欢欢表面上虽然有点尴尬，但内心却很得意，渐渐地，她做的好事越来越多了：扶奶奶去医院，给妈妈送伞，帮助同学学习……

让孩子成为"小大人"，有时只需要一个小方法。孩子做了好事后，不管他是主动还是被动的，不管他做得是否令人满意，父母都要发自肺腑地肯定他、赞扬他，那么孩子定会大受鼓舞。不管孩子为别人做了什么，都要让孩子觉得"幸亏有我出手帮助，事情才会这么顺利"。父母由衷的肯定，才是孩子关心他人的动力。

因此，就算孩子只是帮了别人一点小忙，或者仅仅是替别人着想，你也应该告诉他，你赞赏他的这一举动，希望他这样做，并鼓励他多为别人做善事。让他知道你希望从他的举动中看到善意与友好。